더 늙기 전, 더 늦기 전
마지막 경제 공부

소심한 중년은 안전한 투자에 끌린다

안 상 현 지음

대|경|북스

소심한 중년은 안전한 투자에 끌린다

1판 1쇄 인쇄 2024년 7월 1일
1판 1쇄 발행 2024년 7월 5일

발행인 김영대
편집디자인 임나영
펴낸 곳 대경북스
등록번호 제 1-1003호
주소 서울시 강동구 천중로42길 45(길동 379-15) 2F
전화 (02)485-1988, 485-2586~87
팩스 (02)485-1488
홈페이지 http://www.dkbooks.co.kr
e-mail dkbooks@chol.com

ISBN 979-11-7168-054-2   03320

나이 50살에
주식투자를 시작하게 된 이유

주식투자 마인드를 이야기하기 전에 마인드라는 주제를 접하게 된 이야기를 해본다. 마인드 공부의 시작은 벤처기업 연구소 재직 중 우연히 만난 명상 덕분이다. 명상을 배우며, 생각지도 못한 '인간'에 대한 관심이 생겼다. 좀 더 구체적으로는 '나'에 대한 관심이었다.

'나'라는 사람이 누구일까 궁금해지면서 자연스럽게 '심리'에 대한 관심으로 이어졌다. 결국 다니던 회사를 그만두고 이직을 결심한다. 그 관심은 뇌과학연구원 시절 본격적으로 시작되었다. 명상과 스트레스를 연구하며, 인간의 뇌가 얼마나 복잡하고 오묘한지 이해할 수 있었다. 뇌의 작동 원리를 이해하면서 한편으로 '생각과 감정'의 실체가 궁금했다.

20대 중반, 반도체 전공으로 대학원을 졸업한 후 20년이 지나 심리 전공 대학원을 입학한 것은 결코 우연이 아니다. 단순하게 보면 먹고 살려는 방편으로 선택한 것으로 보이지만, 내면의 여정을 쫓는 과정에서 점과 점으로 연결된 결과였다. '나는 수많은 선택지 중 왜 심리라는 주제를 지속해서 선택할까?'라는 궁금증을 품고 살았다.

여러 직업을 거치면서 내 삶은 방황하는 듯 보였다. 다행스럽게 1인기업을 창업하면서 방황은 끝을 맺었다. 재능코치연구소를 설립하면서 '청년 진로'를 고민했고, 나다움인문학교에서는 '자기답게 사는 것'에 대해 사색하였다. '인간의 심리'는 나의 일과 삶에서 떼려야 뗄 수 없는 주제로 자리 잡는다.

코로나 팬데믹이 가져다준 커다란 변화

40대 후반, 코로나19를 맞이하면서 인생의 커다란 변화를 겪었다. 어린 딸아이를 양육해야 하는 상황에서 6년 동안 운영한 사무실을 정리하고 재택근무를 시작했다. 재택근무는 생각했던 것보다 훨씬 답답했다. 100일 정도는 집에서 일하지 못하고, 근처 카페로 출근할 정도였다. 늘 바삐 움직이며 여러 사람과 일하다, 육아와 집안일을 하다 보니 스스로가 초라해 보였다. 자존감도 낮아지고 1년 가까이 우울함을 느끼며 살았다.

앞만 보며 열심히 달리기만 했던 삶인데, 잠시 멈추니 보이지 않았던 삶의 모습이 다가왔다. 초라하게 바라보던 육아와 집안일에서 의미를 찾고, 일하는 공간은 카페든 집이든 상관없게 되었다. 심리 전공으로 공부하고 일을 해왔지만, 정작 나 자신부터 일상을 지배하지 못했음을 반성하게 되었다.

나를 제대로 바라보는 과정에서 현실을 직시할 수 있었다. 코로나로 인해 멈춘 강의, 경제적인 현실, 그리고 곧 다가올 미래인 '노후의 삶'이 보이기 시작했다. 코로나가 해결되어 과거와 같은 삶으로 되돌아간다 해도, 제2의 코로나는 언제든 올 수 있다는 생각에 불안했다.

우선 자산 현황부터 살펴보았다. 결과는 참담했다. 통장 잔고는 앙상한 겨울나무에 몇 안 남은 이파리마냥 초라했다. 현실 파악을 위해 재테크 서적을 읽었다. 유명 유튜버들의 영상을 수백 개 살펴봤다. 공부하면 할수록 투자의 중요성을 깨달았다. 서서히 자본주의와 경제가 보이고, 더불어 돈의 흐름이 보이기 시작했다.

투자 공부의 시작

내 집 마련을 위해 부동산 투자를 먼저 공부했다. 공부할 것은 생각보다 많았다. 서울에서 집을 사려면 어느 정도 목돈이 필요함을 알게 되었다. 부동산 투자는 공부할수록 흥미가 올라가기보다 조금씩 지루해졌다. 오히려 다른 투자방식에 관심이 생겼는데 바로 '주식투자'였다.

주식투자는 공부할수록 재밌었다. 게다가 적은 금액으로 바로 투자할 수 있는 장점도 있다. 삼성전자 주식 2주를 매수하면서 본격적으로 주식시장에 입문했다. 양봉, 음봉, 차트분석, 매수, 매도, 지정가, 시장가, 기업분석 등 무슨 소리인지 도통 몰랐지만, 책과 영상을 통해 꾸준히 지식을 쌓았다.

책이나 영상으로만 주식투자를 공부했다면 더 오랜 시간 걸렸을 것이다. 하지만 실제 돈이 눈앞에서 오가는 실전 투자를 병행하니, 주식투자에 대한 전반적인 정보보다 투자에 꼭 필요한 지식 위주로 공부할 수 있었다. 꼭 필요한 지식을 습득하는 것이기 때문에 더 흥미로운 공부시간이었다. 살면서 이렇게 재미있는 공부는 없을 정도였다.

상담과 코칭 공부를 할 때도 마찬가지였다. 이론 공부와 함께 무료강의와 무료상담을 병행하면 훨씬 효과적인 공부를 할 수 있었다. 자신의 부족한 점과 고객의 요구사항을 빨리 파악할 수 있다. 창업 분야에서도 '린 스타트업'이라는 용어를 사용한다. 모든 것을 완벽히 준비한 후 창업하는 방식보다 '베타 버전'을 먼저 출시한 후 고객의 니즈를 반영하면서 업데이트 상품을 출시하는 전략이다.

주식투자와의 만남

오랜 공부 끝에 경제적인 노후 준비는 주식투자를 활용해야겠다고 결심하게 되었다. 가시적으로 커다란 투자 수익이 발생한 것은 아니지만, 노후 계획을 일차적으로 완성했다는 생각에 작은 희망이 생겼다. 이렇게 꾸준히 투자하면 20년 후 풍요로운 노후를 맞이할 수 있겠다는 생각이 들었다.

나는 주식 전문가가 아니다. 아직도 부족함이 많다. 다만 아직도 돈 공부와 투자 공부를 제대로 시작하지 못한 사람들이 많다는 사실을 알고 도움을 주고 싶었다. 자본주의 시대에 투자는 선택이 아닌 생존이다. '월급 빼고 다 오른다'라는 현실 속에서 물가와 인플레이션을 이겨낼 방법은 투자밖에 없다. '원금 보장'이라는 안일한 마인드에서 벗어나 적극적인 투자 공부가 필요하다.

뒤늦은 나이인 40대 후반 투자를 시작했다. 늦었다고 생각할 수 있지만, 지금이 가장 빠른 시기다. 하루라도 빨리 투자 공부를 시작하고, 하루라도 빨리 주식을 사야 한다. 그리고 하루라도 늦게 주식을 팔면 누구나 부자가 될 수 있다.

소심한 중년의 투자 명언

늦었다고 생각하는 지금이
가장 빠를 때다.
하루라도 빨리 주식을 사고,
하루라도 늦게 주식을 판다면
누구나 부자가 될 수 있다.

차

례

제 2 장 100% 성공하는 투자 전략

제 3 장 인생을 바꾸는 투자 마인드

제 4 장 안락한 노후를 위한 은퇴 계획

제 1 장

경제 초보를 위한 돈 공부

money study for beginners

왜
우리는 돈을 모으지 못할까?

집 정리를 돕는 정리 컨설턴트나 정수기 필터 교체 기사들은 부잣집을 자주 방문한다. 그들 대부분 부자의 집은 깨끗하다고 말한다. 물론 집주인이 직접 청소를 하기도 하지만, 청소부를 쓰면서까지 부자들이 집 청소를 깨끗하게 하는 이유는 무엇일까?

돈을 벌기 위해서는 성공이 필요하고, 성공을 위해서는 긍정적 마인드가 필수다. 우리는 긍정적 마인드를 갖기 위해 큰 노력을 기울인다. 새벽에 기상하는 습관을 만들기 위한 미라클모닝, 긍정 감정을 유지하는 감사일기, 갈등과 번뇌를 벗어나기 위한 명상이나 요가 등 방법은 다양하다.

두 가지 청소의 힘

성공을 위해 부단히 노력함에도 불구하고 왜 아직도 가난에서 벗어나지 못할까? '마음과 청소'를 15년간 연구한 마스다 미츠히로의 말에서 힌트를 얻을 수 있다. 마스다 미츠히로는 1969년 홋카이도에서 태어났고, 청소력 연구회 대표다.

그는 15년 연구 끝에 '청소는 인생을 변화시키는 힘이 있다'는 사실을 발견했다. '청소력'을 이용하여 자기 개선과 심리 개선을 할 수 있고, 결국 운세를 호전시킨다는 이론을 만들었다. 독자적인 기업 프로그램을 개발하여, 많은 경영자로부터 높은 평가를 얻었다. 《부자가 되려면 책상을 치워라》, 《청소력》 등 일본과 해외에서 30종 이상의 저서가 출간되었고, 400만 부 이상 판매되었다.

긍정적 마인드를 갖기 위해 먼저 해야 할 것은 '부정적 환경을 없애는 것'이다. 한 가지 실험을 먼저 소개한다. 자동차 보닛을 열어둔 차량이 두 대가 있다. 1주일 동안 거리에 그대로 두었다. 한 대는 1주일이 지나도 멀쩡했지만, 다른 한 대는 부품이 모두 도난당하고 폐차 수준이 되었다. 왜 그럴까?

폐차 수준으로 망가진 차량은 창문 한 개가 깨져있었다. '깨진 유리창의 법칙'이 적용된 것이다. 그냥 빈집과 창문 하나가 깨진 빈집은 느낌이 어떨까? 창문이 깨진 빈집은 금방 범죄집단의 소굴이 되기 쉽다. 뉴욕 지하철 사례도 있다. 지하철 낙서를 깨끗하게 지우니 중범죄가 무려 75% 급감했다. 범죄를 저지르지 말라고 말하는 것보다 부정적 환경을 없애는 것이 더 효과적이었다. 청소는 부정적 환경을 없애주는 역할을 한다.

청소의 또 다른 힘은 '정리력'이다. 샐러리맨 한 사람이 서류와 물건을 찾느라 1년에 낭비하는 시간이 얼마나 될까? 대략 150시간이다. 무려 6일을 물건 찾느라 낭비한다. 심리학자 캐서린 K. 타깃에 의하면, 지저분한 작업 환경에서 일하면 심박수와 혈압 상승, 숨참, 머리와 어깨의 통증을 일으키기 쉽고, 정서적으로도 안정이 안 돼 동료나 부하 직원에게 화를 잘 낸다고 한다.

또한 책상과 사무실 청소는 '생각'을 하도록 강제하는 힘이 있다. 필요한 자료와 불필요한 자료를 구분하도록 생각하게 만든다. 버려야 할 것과 남겨야 할 것을 구분하게 만든다. 중요한 것과 중요하지 않은 것을 생각하게 만든다. 정리 정돈만으로도 자신의 업무와 목표에 대해 집중하게 만든다. 출근 후 30분, 퇴근 전 30분씩 하루 두 번 책상과 사무실을 치우면 하루를 바꾸고, 일주일을 바꾸고 인생의 전환점을 맞도록 도와준다.

하루아침에 큰돈을 번 사람이 몇 년 후 오히려 더 망가진 삶을 산다는 일화는 수없이 많다. 특히 로또나 복권 당첨자들의 90%가 과거보다 더 못한 삶을 산다는 뉴스를 흔히 들을 수 있다. 돈 그릇이 크지 않은 사람에게 갑작스러운 큰돈은 오히려 독이다. 부자가 된다는 것은 습관과 마인드의 힘에서 나오기 때문이다.

부자가 되지 못하는 5가지 유형

베스트셀러 《돈의 속성》을 쓴 김승호 회장도 "빨리 부자가 되려면 빨리 부자가 되려는 마음을 버려야 한다."라고 조언한다. 부자의 라이프스타일이 몸에 밸 때까지 시간이 필요하기 때문이다. 게다가 돈이 나에게서 머물고 나를 떠나지 않게 하려면, 아침에 일어나 기지개 켜기, 물 한 잔 마시기, 이부자리 정리하기, 규칙적인 아침 기상 시간을 지켜야 한다고 강조한다.

또한 이 책에서는 부자가 되지 못하는 사람의 5가지 유형을 소개한다. 첫 번째, 신용카드를 사용하는 사람, 두 번째, 물건을 부주의하게 매번 잃어버리는 사람, 세 번째, 적은 돈을 우습게 아는 사람, 네 번째, 저축하지 않는 사람, 다섯 번째, 투자에 대한 이해가 없는 사람이다.

　사소해 보이는 습관이 쌓여 결국 마인드를 형성하고, 그 마인드는 부자로서의 삶을 살아가도록 원동력이 되어준다. 이제 우리가 왜 돈을 모으지 못하는지 짐작하겠는가? 당장 주변을 살피고, 정리 정돈과 청소를 시작하면 어떨까?

> ❝
>
> **소심한 중년의 투자 명언**
>
> 부자가 되려면 마인드부터 정리하라.
>
> ❞

02.

당신은
자본주의 시대에 살고 있는가?

우리는 자본주의 시대에 살고 있다. 하지만 자본주의에 대해 얼마나 이해하고 있을까? 미국 초등학생 교과서에서는 투자 관련 내용이 40여 쪽 나오고, 한국 교과서에서는 2쪽 정도 나온다고 한다. 전혀 가르치지 않는다는 말이다. 나도 뒤늦게 공부한 사람이라 자본주의를 몰랐다. 다만 앞으로 살아갈 날이 많다면 지금이라도 공부하길 권한다. 자본은 흔히 돈으로 대변된다. 땅, 건물, 상품, 노동력 등 자본은 돈으로 살 수 있기 때문이다.

생산수단

자본주의를 이해하기 위해선 첫 번째, 생산수단을 먼저 알아야 한다. 《지적 대화를 위한 넓고 얕은 지식 1》에서 쉽게 설명하고 있다. 당신이 두 명의 여성과 소개팅을 한다고 가정하자. A 여성은 1억 원짜리 '빵 공장'을 소유하고 있고, B 여성은 1억 원어치의 '빵'을 소유하고 있다. 당신은 어느 여성을 선택할 것인가? A 여성을 선택하는 것이 현명해 보인다. 빵은 소비되어 사라지지만, 빵 공장은 계속해서 빵을 생산할 수 있기 때문이다. '부의 축적'은 빵이라는 생산물보다 빵 공장이라는 생산수단에 의해 좌우된다는 사실을 알게 된다.

생산수단이 없는 노동자는 자신의 시간을 팔아 돈을 번다. 노동자가 돈을 더 벌고 싶다면 더 많은 시간을 일해야 한다. 하지만 아무리 열심히 일해도 공장 소유주를 이길 수는 없다. 노동자가 일을 더 할수록, 공장 소유주인 자본가는 더 많은 돈을 벌기 때문이다. 생산수단을 독점한 자본가는 더 큰 부를 축적하고, 막대한 경제력은 권력으로 이어진다.

학교와 사회에서는 이러한 자본주의 개념을 알려주지 않는다. 자본가가 되는 방법도 알려주지 않는다. 학교는 정부와 기업을 위해 열심히 일하는 노동자를 길러내는 교육에 관심이 많아 보인다. 훌륭한 노동자가 되는 교육은 존재하지만, 자본가가 되는 교육은 존재하지 않는다. 기업가, 자본가, 부자는 자신의 근로자가 경제 개념에 대해 공부하는 것을 원치 않는다.

《부자 아빠, 가난한 아빠》의 저자 로버트 기요사키는 말한다. "가난한 아빠는 열심히 공부해서 '취업'하라고 하고, 부자 아빠는 공부해서 '창업'하라고 한다. 가난한 아빠는 똑똑한 사람이 되라고 하고, 부자 아빠는 똑똑한 사람을 고용하라고 한다. 부자 아빠는 돈을 위해 일하지 않는다. 돈이 나를 위해 일하게 만든다."

자산과 부채

자본주의를 이해하기 위한 두 번째 단계는 자산과 부채의 개념을 아는 것이다. 당신이 사는 집은 자산인가 부채인가? 당신이 타고 다니는 자동차는 자산인가 부채인가? 모두 '자산'이라고 대답했다면, 당신은 자본주의를 제대로 이해하지 못하는 것이다. 자산과 부채의 기준은 수입과 지출이다. 자산은 수입을 발생시키고, 부채는 지출을 발생시킨다.

당신이 사는 집과 타고 다니는 차는 부채다. 매달 지출이 발생하기 때문이다. 다만 다른 사람에게 빌려준 집과 차는 자산이 될 수 있다. 임대료라는 수익이 발생하기 때문이다. 자산가 또는 자본가는 공장, 농장, 빌라, 상가, 주식, 금, 달러 등 생산수단을 많이 보유한 사람이다. 이들은 근로소득이나 사업소득을 활용하여 자본소득을 가져다주는 자산을 모으는 사람들이다.

소비 중 최악의 소비 방식이 있다. 바로 부자처럼 보이는 소비다. 고급 차, 고급 주택 그리고 명품 가방은 우리를 부자처럼 보이게 한다. 하지만 그런 상품을 많이 구매할수록 우린 부자의 삶으로부터 멀어진다. 지출을 유발하는 물건은 부채이며, 그저 사치품일 뿐이다. 사치품에 돈을 쓴다면 자산을 축적하는 데 필요한 돈은 부족해지기 마련이다.

부를 이루는 네 가지 방법

유럽의 전설적인 투자자 앙드레 코스톨라니는 "부를 이루는 방법에는 네 가지가 있다. 첫째, 증여를 받는다. 둘째, 부자인 배우자를 만난다. 셋째, 비즈니스 모델이 훌륭한 사업을 한다. 넷째, 비즈니스 모델이 훌륭한 기업에 투자한다."라고 말했다.

나에게 첫 번째와 두 번째 방법은 이미 물 건너갔다. 남은 것은 세 번째와 네 번째다. 세 번째 방법인 사업은 말처럼 쉽지 않다. 이제 남은 것은 네 번째 방법뿐이다. 그래서 난 비즈니스 모델이 훌륭한 기업의 주식을 적금처럼 모으는 주식투자를 결심했다. 변동성이 큰 개별기업보다 시장을 따르는 지수 상품, 즉 ETF(상장지수펀드)에 투자한다.

ETF는 거래소에서 주식처럼 사고파는 기능을 가진 펀드 상품이다. 펀드는 10개 회사 이상으로 구성된 주식 묶음을 뜻한다. 자연스럽게 분산 투자 효과를 얻을 수 있다. 게다가 리밸런싱 기능이 있어서 매출과 수익이 저하된 기업은 자동으로 투자 비중을 줄이거나 심하면 퇴출당한다. 초보 투자자에게 이보다 좋은 종목은 없다. 적당한 수익률에 만족할 수 있는 투자자에게 최적화된 상품이 ETF다.

자본주의에서 살아남는 법

자본주의 시대를 제대로 살기 위해 자본주의를 이해하고 돈(자본) 버는 방법을 알아야 한다. 그리고 자본을 모으는 방법과 운영하는 방법을 이해하는 것이 필요하다. 마지막으로 자본을 잘 사용하고 지키는 방법을 연구해야 한다. 이런 과정을 통해 투자소득과 자본소득의 중요성을 깨닫게 된다.

자본주의 시대를 사는 당신은 어떤 생산수단을 보유하고 있는가? 비즈니스(매장, 온라인숍), 부동산, 주식, 채권, 지적 재산권(특허, 인세), 실물자산(귀금속, 예술품), 투자자, 동업자 등 다양한 방식이 있다. 이런 생산수단을 늘리기 위해 어떤 노력을 하고 있는가? 앞으로 우리 미래는 얼마나 열심히 일하는가에 의해 결정되지 않는다. 얼마나 효과적인 방식으로 일하는가에 달려있다.

> **소심한 중년의 투자 명언**
>
> 자본주의를 이해하지 못하면,
> 자본주의에 지배당할 수밖에 없다.

투자는 생존전략이다

우리는 몇 살까지 일할 수 있을까? 내 아버지는 80세까지 일을 하셨다. 과거 직장의 고문이셨던 분은 80세가 넘었음에도 여전히 상임고문으로 활동하고 있다. 노후 전문가들이 말하는 최고의 노후 준비는 '평생 현역'이라고 한다. 나이가 들수록 꾸준한 현금흐름이 중요하다는 의미다.

이제 100세는 기본이고, 의료기술이 발달하면서 120세까지 생존할 수 있다는 과학자도 있다. 현재 건강수명은 75세이며, 체력이 되는 한 일을 계속한다고 가정해도 최대 80세다. 100세에 사망하더라도 20년은 일하지 않고 생활해야 한다. 운 좋게(?) 120세에 사망

한다면 40년 동안의 생활비와 의료비 등 노후자금을 준비해야만 한다. 이러한 이유로 투자는 선택이 아니라 생존일 수밖에 없다.

투자를 결심했다면 투자방법을 고민해야 한다. 물론 한 가지 투자방법만 고집할 필요는 없다. 자신의 성격에 맞는 투자방법을 선택하는 것이 효과적이다. 나를 알면 투자가 보인다. 성격에 따라 사고방식도 다르고, 행동 패턴도 다르다. 결국 투자방식도 본인의 결을 따라가는 것이 좋다. 주변 지인의 말만 듣고 투자방법을 섣불리 선택하지 말라는 뜻이다.

나에게 맞는 투자법

그럼 나에게 맞는 투자법은 무엇일까? 내 기준은 세 가지다. 첫 번째, 그 투자방법을 공부하는 것이 흥미로워야 한다. 두 번째, 그 투자방법에 대해서 다른 사람들과 이야기할 때 즐거워야 한다. 세 번째, 다른 사람들이 그 투자방법을 이야기할 때면 나도 모르게 관심이 생겨야 한다.

주식, 부동산, 금, 달러, 원자재, 그리고 코인 등 수많은 투자종목이 존재한다. 그중 나는 주식투자를 좋아한다. 주식투자도 자세히 들여다보면 여러 가지 방법이 존재한다. 우량주, 성장주, 배당주, 가치주 그리고 비상장 주식 등 다양하다. 주식으로 큰돈 번 투자자들은 비상장 주식에 투자한 경우가 많다. 비상장 주식은 남들이 모르는 분야이거나 모르는 회사가 대부분이라 매우 위험한 투자다.

비상장 주식에 관한 정보를 접할 수 있다고 쳐도, 듣도 보도 못한 회사에 과감히 투자할 수 있을까? 말처럼 쉽지 않다. 모두가 알다시피 투자 수익이 클수록 위험성은 커진다. 부동산 투자도 마찬가지다. 이미 다 지어진 건물을 매매하는 것보다 건물을 짓기 전 '토지'에 투자하는 것이 훨씬 수익률이 높다. 수익률이 높은 만큼 위험성은 크다.

대형주나 우량주 위주로 투자하는 사람이 있고, 중·소형주에 투자하는 사람도 있다. 안정적인 수익을 원하는가 아니면 몇 배 고수익을 취할 것인가의 차이다. 우량주든 성장주든 매수금액보다 크게 올라 시세차익이 발생해야 돈이 된다. 시세차익은 언제, 얼마나 오를지 모른다는 단점이 있다. 그래서 월세처럼 배당을 받는 배당주 투자도 가능하다. 하락장에서는 배당주에 관한 관심이 더욱 커진다.

어떤 투자방법이든 자신에게 맞는 방법을 찾아서 꾸준히 투자하는 것이 중요하다. 아무리 이자를 많이 주는 적금에 가입해도 인플레이션이나 물가를 따라가기가 어렵다. 시간이 지날수록 돈이 녹는 셈이다. 그래서 투자는 생존전략이다. 특히 노후에 일하지 않으려면 젊을수록 투자 공부를 일찍 시작해야 한다.

쉽고 간단한 투자방법의 중요성

여기서 또 고민이 발생한다. 무엇을, 어떻게, 언제 투자 공부를 할 것인가? 이 또한 쉽지 않다. 낮에 일하고 밤에 공부하겠다고 다짐하지만, 퇴근 후 피곤한 몸을 이끌고 어려운 용어가 가득한 경제와 투자를 공부하는 것은 정말 힘들다. 전업투자자가 목적이 아니라면 투자방법은 쉬울수록 좋다. 특히 나이가 들수록 쉬운 투자방법이 좋다. '높은 수익률'보다 중요한 것이 '쉽고 간단한 투자방법'이다.

주식투자에서 쉬운 방법은 개별종목보다 ETF에 투자하는 것이다. 개별종목은 특정 회사의 주식을 의미한다. 그 회사가 잘되면 돈을 벌고, 잘 안 되면 돈을 잃는다. ETF 투자는 최소 10개 회사에 분산투자하기 때문에 한두 회사가 잘못되더라도 돈을 잃지 않는다.

ETF를 매수하는 것은 주식투자 경험이 부족한 사람에게 가장 효과적이고 안전한 투자법이다.

ETF는 상장지수펀드라 부른다. 거래소에서 거래되는 펀드라는 의미로, 10개 이상 묶은 펀드를 주식처럼 쉽게 사고팔 수 있다는 장점이 있는 상품이다. 미국나스닥100 ETF처럼 나스닥 시장 전체에 투자하는 종목도 있고, 미국필라델피아반도체나스닥 ETF처럼 반도체 산업에 투자하는 종목도 있다.

어떤 투자방법이든 쉽고 간단한 방법일수록 돈 벌기가 쉽다. 투자에 관심이 있는 사람은 쉽고 간단한 투자방법을 찾아보라. 나이가 들어서도 머리를 많이 쓰지 않고 간단하게 투자하는 방법을 찾고, 스스로 투자원칙을 정해야 성공할 수 있다. 자기만의 투자방법을 만들어 지속해서 투자한다면, 좀 더 풍요로운 노후를 맞이할 수 있다. 게다가 투자 기간이 길수록 복리의 마법을 제대로 누릴 것이다.

66

소심한 중년의 투자 명언

풍요로운 노후를 위해
쉽고 간단한 투자법을 찾아라.

99

시장이 좋아지면
자극적인 제목이 많아진다

　어떤 시장이든 그 시장이 좋아지고 있다는 것을 어떻게 알 수 있을까? 이곳저곳에서 돈 벌었다는 자극적 제목의 노출 빈도가 기준이다. 특히 '단기간'에 많이 벌었다는 제목과 '매우 쉬운 방법'으로 벌었다는 제목이 눈에 띈다면, 그 시장은 과열 상태이거나 정점을 찍고 빠지는 상태이다. 조심해야 한다는 의미다.

　주식시장도 마찬가지다. 2023년 미국 주식시장이 좋았다. 그 이후 여기저기서 돈 벌었다는 내용을 담은 영상물이 많아지고 있다. 자극적 제목이 주는 문제는 주식의 본질보다 껍데기에 눈이 향하도록 만든다는 것이다. 글이든 영상이든 조회수에 목멘 사람들이 많아서, 낚시성 제목에 시청자들의 피로감이 커진다.

물론 나도 돈 벌었다는 소식을 들으면 귀가 솔깃해진다. '저 사람은 어떻게 돈을 벌었을까?'하고 궁금하다. 그래서 그 주변을 기웃거린다. 하지만 그런 소식을 쫓다 보면 시간과 돈을 모두 잃어버린다. 결국 시간이 지나 깨닫는다. 스스로 공부한 만큼 돈을 벌 수 있고, 저마다 돈 그릇이 정해져 있으며, 돈 버는 방식도 자기만의 방식이어야 한다는 사실을.

나는 〈마인드TV〉 채널을 운영하며 몇 가지 ETF 종목을 추천한다. 가장 좋은 주식이기 때문에 추천하기보다 아직 정보가 부족한 분들에게 '이런 종목도 있으니 참고하세요.'라는 의미로 안내하고 있다. 어떤 투자든 주변 이야기만 듣고 실행하는 것은 문제가 된다. 스스로 공부해서 이 주식을 사야겠다는 판단이 서야 한다. 이런 판단을 도와주기 위해 정보를 제공하는 것이다.

그런데 지식이 제아무리 많아져도 직접 경험하지 않으면 내 것이 되기 어렵다. 아직 확신이 생기지 않았더라도 괜찮아 보이는 주식이 있다면, 일단 매월 조금씩 주식을 매수하길 바란다. 주식시장에 발을 담그고 경험을 쌓아가는 것이 필요하기 때문이다. 정말 좋은 주식을 발견했더라도 몰빵은 금물이다. 목돈이 있더라도 매월 적립식으로 매수해야 한다.

물론 나도 이렇게 말을 하고 있지만, 주식투자 초기에 목돈을 몰빵해서 손해를 봤다. 정확하게는 아직 손해는 아니다. 그 주식을 팔지 않았기 때문이다. 주식투자를 가벼운 마음으로 시작했다가 수익이 1천만 원 이상 발생하니까 욕심이 생겼다. '지금보다 투자금을 2배 늘리면 수익이 2배가 되겠구나. 만약 3배 늘리면 3배를 벌겠구나.'라고 생각하니 나도 모르게 돈에 눈이 멀었다.

시장이 좋아질 때 자극적 영상에 관심을 두는 이유는 무엇일까? 아직도 주식투자에 대한 환상을 갖고 있다는 의미다. "주식으로 10배 수익이 났다.", "주식으로 한 달 만에 10억 벌었다." 등 환상에 빠진 말에 귀 기울이지 말아야 한다. 주식시장에 대한 환상을 버리고, 과거 적금과 같은 개념으로 접근하길 권한다.

과거 은행 적금 이자가 7~8% 하던 시절이 있었다. 이런 시절에는 특별한 재테크나 투자 노하우가 필요 없다. 그저 적금만 잘해도 자산이 2배, 3배 늘어나기 때문이다. 게다가 어느 정도 입지에 내 집을 마련하면, 시간이 흘러 자산가치도 크게 올랐다. 특별한 노력

없이 자산증식에 성공할 수 있다.

현재 시점은 어떨까? 앞에서도 밝혔듯 현금이나 예·적금은 물가를 따라가지 못한다. 그래서 투자하지 않고 은행에 넣어둔 돈은 시간이 흐를수록 가치가 하락한다. '돈이 녹는다'고 표현하는 이유다.

부모세대를 비롯한 50대, 60대 이상인 사람은 투자에 대해 알레르기 반응을 보인다. 주변에서 투자했다가 쫄딱 망한 사례를 많이 들었고, 투자로 성공했다는 말도 들어본 적 없기 때문이다. 투자란 집안 말아먹는 행위라고 여긴다. 나도 코로나 시기 투자를 공부하기 전까지 투자의 'ㅌ'도 모르던 사람이었다. 그래서 투자를 두려워하는 사람의 마음을 잘 안다.

앞서 우리가 적금 넣듯 매달 주식을 사라고 말했다. 한 달 생활비를 제외하고 절약하고 남은 돈은 모두 세계 1등이 모인 초우량 주식을 사라고 강조한다. 투자 기간으로 최소한 5~10년 이상을 추천한다. 만약 매월 10만 원씩 추천하는 주식을 골고루 매수한다면, 20년 후 1억 원 자산을 갖게 된다. 운 좋으면 그 이상이 될 수도 있다.

여기서 적금 넣듯 주식을 사는 개념이 중요하다. 과거 우리가 적금 넣을 때 매달 금리 변화를 살피지 않듯, 주식을 살 때도 마찬가지다. 초우량 주식이라고 선택했다면 주가를 보지 않는다. 정해진 날짜에 정해진 금액만큼 주식을 산다.

우리가 투자하는 ETF는 특정 회사 주식을 사는 것이 아니라 지수를 추종하는 주식이다. 지수를 추종한다는 말은 시장이나 산업에 투자하는 개념이다. 그래서 그 시장이 앞으로 성장 가능성이 있다는 믿음이 있다면 우상향을 믿을 수 있다.

물론 주가는 늘 변동성이 존재한다. 상승과 하락을 반복한다. 상승기에는 수익이 발생해서 기분이 좋다. 다만 같은 금액으로 주식을 살 수 있는 수량이 적어진다. 하락기에는 수익이 마이너스이기 때문에 기분이 안 좋다. 하지만 같은 금액으로 주식을 더 많이 살 수 있다. 적금 넣듯 주식을 사라는 개념은 주가를 보지 말고 '주식 수량'에 집중하는 개념이다.

결론적으로 4가지 현명한 투자 마인드로 정리해본다.

첫째, 주식투자의 환상을 버린다.

둘째, 정해진 날짜에 정해진 금액만큼 주식을 산다.

셋째, 가격보다 주식 수량에 집중한다.

넷째, 최소 5~10년 이상 장기 투자한다.

> **소심한 중년의 투자 명언**
>
> 주식투자의 환상을 버리고,
> 꾸준한 적립식 투자로 장기적인 수익을 추구하라.

05.

초개인화 시대
자산관리 패러다임이 바뀌고 있다

과거부터 백만장자는 부자의 기준으로 여겨져 왔다. 현재 환율을 적용하면 약 13억 원이다. 과연 전 세계 백만장자는 몇 명일까? 투자은행 크레딧스위스 2022년도 집계자료에 따르면, 전 세계 백만장자는 5,939만 명이며, 그중 한국인은 125만 4,000명[2%]으로 10위에 해당한다. 미국인 백만장자는 38%를 차지하며 전 세계 1위 국가다.

한국인들의 자산과 빚, 그리고 소득 최신 자료를 통계청과 한국은행, 금융감독원이 함께 발표했다. 2023년 3월 말 기준으로 전국 가구 평균 순자산은 4억 3,540만 원이며, 1등부터 순서대로 줄 세우면 중간 가구의 순자산은 2억 3,900만 원이다.

지역별로 자세히 살펴보면, 서울 가구의 평균 순자산은 6억 6,000만 원이며, 중간 가구의 순자산은 3억 100만 원이다. 평균 가구와 중간 가구와의 자산 크기가 차이나는 이유는 부자와 가난한 가구의 편차가 크다는 뜻이다.

경기도의 평균 순자산은 4억 9,900만 원이며, 중간 순자산은 3억 1,400만 원이다. 서울만큼 차이가 크지 않다. 평균 순자산이 가장 높은 지역은 세종시로 평균 순자산은 5억 8,000만 원이고, 중간 순자산은 4억 8,000만 원이다. 전체적으로 자산과 소득이 고르다는 의미다.

그밖에 전국 평균 가계대출은 약 9,200만 원이고, 상위 20% 가구의 평균 소득은 1억 5천 600만 원이다. 가장 많은 가구가 몰려 있는 소득 구간은 1천만~3천만 원으로 21.6%에 해당한다.

트렌드는 시대에 따라 변화한다. 초고령화와 초저출산은 현재 진행 중인 트렌드다. 70대 노인 인구는 20대 청년 인구보다 많다. 65세 고령 인구는 2월 기준 981만 8,975명으로 전체 인구 대비 19.1%를 차지한다. 내년이면 20%다. 게다가 노인빈곤율은 45.6%로 OECD 국가 중 꼴찌에 해당한다.

자산관리 패러다임의 변화

미래에셋 자산운용 고문인 김경록 박사는 "앞으로 대한민국 부동산 호황은 다시 오기 어렵다."라고 말해 화제가 되고 있다. 많은 부동산 전문가 및 언론과는 다른 의견을 제시한 것이다. 이런 상황에서 50~60대 중장년층에서 집을 매도하는 비율이 증가한다는 소식도 들린다. 왜 그럴까?

중장년층은 주택 상승률 혜택을 가장 많이 경험한 세대이다. 젊은 시절 열심히 일해서 번 돈으로 내 집을 마련했고, 그 이후 경제 성장과 더불어 2배 이상 집값 상승을 겪었기 때문이다. 부동산 불패 신화를 말하는 대표적인 연령층이었다. 하지만 이들의 생각이 바뀌고 있다. 촉이 밝은 이들은 현재 분위기가 바뀌고 있음을 직감한 것이다.

선진국에 비하면 대한민국 가계자산 중 부동산 비중은 아직도 높다. 70~80% 정도 해당한다. 그런데 부동산 자산 비중을 줄이고 금융 자산으로 옮기는 사람이 늘고 있다. 앞서 언급한 중장년층이 집을 파는 것과 관계가 있다. 2채 이상 가진 사람은 거주용 집 외에 나머지 집을 처분하는 것이고, 1채 가진 사람도 현금흐름을 좋게 하려고 주택연금에 가입하기도 한다. 결과적으로 금융 자산의 비중이 높아진다.

초개인화 시대 그리고 자산관리법

노인층이든 청년층이든 1인 가구가 늘어나는 것도 트렌드다. 개인화 너머 초개인화 시대가 오고 있다. 투자 시장에서도 초개인화 시대에 발맞춰 '다이렉트 인덱싱'이란 자산관리 서비스가 등장한다. 고객 스스로 포트폴리오를 구성한다. ETF 상품을 만드는 것과 같다. 본인의 투자철학을 반영해 테마, 업종, 지수 등을 대상으로 지수(포트폴리오)를 직접 구성하는 것을 다이렉트 인덱싱이라고 한다.

'다이렉트 인덱싱 솔루션'이란 초개인화 시대에 맞추어 고객이 스스로 맞춤형 지수(포트폴리오)를 구성해, 종목과 비중 및 수량을 개인의 투자기준 즉, 금액, 리밸런싱 주기, 포트폴리오 구성 방식 등에 따라 즉각적으로 제공해준다. 게다가 기존 ETF는 매도 후 2일 후 현금화가 가능하지만, 다이렉트 인덱싱은 매도 후 바로 매수가 가능한 장점도 있다.

앞서 전 세계 백만장자 중 미국인은 38% 차지하고 있고, 대한민국은 2% 차지한다고 전했다. 최근 기사에서 미국인 은퇴자 평균 자산은 9억 원이고, 대한민국 은퇴자 평균 자산은 5,500만 원이라고 밝혔다. 미국인 자산의 85% 이상은 주식 즉 금융 자산이었고, 한국인 자산의 86% 이상은 예·적금과 국채였다.

주식투자 비중이 높은 미국인 은퇴자 중 백만장자 인구는 시간이 흐를수록 증가하고 있다. 게다가 챗GPT와 로봇 그리고 반도체 기술을 필두로 인공지능 관련 빅테크 기업들이 급성장하면서 미국 주식시장으로 전 세계 돈이 몰리고 있다. 그 이유를 생각해 볼 필요가 있다.

투자 시장의 트렌드를 정리해보면, 첫째, 저축에서 투자로 바뀐다. 둘째, 직접투자에서 간접투자(ETF 등)로 바뀐다. 셋째, 부동산 자산에서 금융 자산으로 바뀐다. 트렌드를 읽지 못하면 도태되는 것이다. '강한 것이 살아남는 것이 아니라 적응하는 것이 살아남는 것'임을 기억해야 한다.

" "

소심한 중년의 투자 명언

초개인화 시대,
나만의 투자 전략을 세우고,
변화에 적응하라.

" "

06.

나답게 살기 위해
가장 필요한 공부는?

2015년 직장을 그만두었다. 사회에서 만난 인연으로 시작해서, 몇 가지 사업을 함께 꿈꾸는 사람들과 비전을 공유하던 회사였는데, 눈물을 머금고 그만두었다. 이유는 여러 가지였지만, 그 결과 갑자기 백수가 된 것이다. 마침 결혼을 앞두고 있던 터라 무척 심란했다.

'어차피 더 잃을 것도 없으니 본격적으로 하고 싶은 일을 해보자' 라고 다짐했다. 1인기업은 그렇게 시작되었고 이후 강의와 상담으로 수백 명을 만났다. 그들은 나에게 고민을 건넸고 난 마음을 담아 이 야기를 들었다. '어쩌면 그렇게 다들 사연이 많을까?' 고민의 종류는 5천만 인구만큼 많아 보였다.

나다움인문학교를 만들어 여러 교육과정을 운영했다. 동시에 개인 상담을 이어갔다. 나다움이란 주제는 내 오랜 화두였다. 상담과 만남이 거듭되면서 패턴이 보였다. 달리 보였던 그들의 고민거리가 두 가지로 귀결되었다. 바로 '사람'과 '돈'이었다.

부모와의 갈등, 이혼을 앞둔 부부, 자녀교육 문제, 노부모 양육에 관한 고민, 진로를 고민하는 청년, 퇴직이나 이직을 상의하는 직장인 등 다양한 문제들은 결국 사람과 돈으로 귀결된다. 대부분의 문제는 돈이 많으면 쉽게 해결할 수 있을 것 같았다. 하지만 차마 그렇다고 말할 수 없었다. 그들의 문제를 작게 만드는 것으로 여길까 염려되었기 때문이다.

사람과 돈 공부의 중요성

일본 납세자 1위이며 최고 부자 중 한 명인 사이토 히토리는 "좋은 사람일수록 '사람과 돈' 문제를 갖고 있다."라고 말한다. 또한, 인간관계(사람)와 경제(돈)를 공부하면 누구나 부자가 될 수 있다고도 강조한다. 특히 좋은 사람이야말로 성공해서 부자가 되어야 하는데 좋은 일에 돈을 쓰기 때문이라고 했다.

인생을 나답게 그리고 즐겁게 사는 데 필요한 것이 무엇일까? 힌트는 인간관계(사람)와 경제(돈) 속에 있다. 첫 번째, 인간관계 공부의 시작은 '자기 이해'라고 표현할 수 있다. '내가 누구인지, 어떻게 살아야 하는지'를 안다면 다른 사람과의 관계가 편안해진다. 심리 전문가들도 '타인'에 대한 이해보다 '나'에 대한 이해를 강조하는 이유다.

'자기 이해'에서 피해야 하는 질문은 '왜 태어났는가?'이다. 태어나고 싶어 세상에 나온 사람은 없을 것이다. 선택의 여지 없이 살아가고 있다. '왜'라는 이유 대신 '어떻게'라는 방법을 고민해야 하지 않을까? 살아가는 방법 속에서 의미와 가치가 만들어지고, 결국 삶은 존재 이유로 마무리되기 때문이다.

스스로 발견한 삶의 의미와 가치는 자존감을 형성하는 기반이 된다. 자존감이 형성되면 남과의 비교 대신 다름을 인정하는 단계로 진화한다. 나를 소중히 여기는 마음은 상대를 소중히 여기는 마음으로 확장되고, 존재 이유를 논하는 대신 존재 본질을 수용하는 자세로 성장한다.

존재 본질을 수용하면 첫째, 비교하는 마음을 받아들인다. 둘째, 인정받고 싶은 마음을 받아들인다. 셋째, 모든 사람에게서 사랑을 받으려 하지 않는다. 결국 사람을 공부하는 이유는 인간관계로부터 자유로워진 상태, 즉 나답게 살기 위함이다.

두 번째 공부는 돈에 관한 경제 공부다. 우린 자본주의 시대에 살고 있기에 자본, 즉 돈을 알아야 한다. 돈을 공부하면 돈의 흐름을 알게 되고, 자연스레 투자를 이해하게 된다. 자본주의 시스템을 파악하기 때문이다. 돈 공부를 하는 이유는 단지 부자가 되고자 함이 아니다. 부자의 기준은 사람마다 다르며, 궁극적인 이유는 돈으로부터 자유로워진 상태, 즉 나답게 살기 위함이다.

돈 공부를 하면 투자라는 단어에 익숙해진다. 마치 적금이라는 단어와 동일시되는 느낌이다. 주식투자를 좋아하는 내 경우 투자는 매달 적금하듯 주식을 모으는 행위다. 통장에 현금이 쌓이듯, 주식 계좌에 주식 수량이 늘어가는 것이다. 현금은 시간이 흐를수록 물가를 좋아가지 못해 가치가 하락하지만, 주식 같은 자산은 경제성장과 더불어 물가 상승을 좋아간다.

사람과 돈 공부의 목적이 분명해졌다. 난 나답게 살고자 두 가지 공부를 하는 것이다. 나에게 주어진 하루를 내가 하고 싶은 것들로 채우고 싶다. 또한 내가 만나고 싶은 사람들을 만나고 싶다. 돈과 사람으로부터 자유롭게 살아갈 수 있다면, 이보다 더 나다운 삶이 될 수 있을까?

> **소심한 중년의 투자 명언**
>
> 나다운 삶을 위해 사람과 돈,
> 두 가지 공부를 통해 자유로워져라.

07.

초보 투자자의 4가지 착각

주식 투자는 위험하다.

주식 투자하면 집안 망한다.

주식으로 번 돈은 불로소득이다.

주식 투자를 하려면 많은 공부가 필요하다.

아직도 이런 생각을 가지고 있는가? 초보 주식 투자자들이의 대표적인 4가지 착각에 관해 이야기해 본다.

첫째, 주식투자는 위험하다.

투자 자체가 위험성을 지니고 있다. 흔히 위험하다고 인식하는 것은 변동성 때문이다. 바꿔말하면 변동성이 바로 수익을 뜻한다. 'High Risk, High Return'으로 쉽게 설명될 수 있다. 하지만 투자 전문가를 만나보면 일반인이 생각하듯 위험하다고 말하지 않는다.

주식투자와 비교하면 부동산 투자는 상대적으로 안전한 투자로 인식된다. 하지만 부동산 투자에서도 어떤 상품이냐에 따라 위험 정도가 다르다. 흔히 서울 아파트는 좀 더 안전한 투자로 인식하고, 토지 투자는 위험하게 여긴다. 그럼 토지를 전문으로 투자하는 사람은 토지 투자를 위험하다고 여길까? 그렇지 않다. 가장 안전한 투자라고 말한다.

정리하자면, 투자 자체는 위험성을 지니고 있다. 위험성이란 변동성으로 설명할 수 있으며, 변동성이 큰 상품은 커다란 '수익'을 주는 대신 변동성을 이겨내야 하는 '책임'을 동반한다. 주식투자에서 좀 더 안전한 투자방법은 무엇일까? 우리에게 남은 과제는 바로 이 질문에 대해 스스로 답을 찾는 노력이다.

"한 회사 주식만 사는 것과 여러 회사를 묶어서 사는 것 중 어느 것이 안전할까?"

"투자금 전부를 한 번에 집중투자하는 것과 여러 번 나누어서 투자하는 경우 어느 것이 안전할까?"

"단기간에 여러 차례 사고파는 것과 5년 이상 장기보유하는 경우 어느 것이 안전할까?"

이 3가지 질문은 좀 더 안전한 주식투자 방법을 찾는 데 도움이 될 것이다. 내가 여러 회사를 묶어서 투자하는 ETF를 추천하는 이유이고, 투자금을 한 번에 모두 투자하는 몰빵 대신 '월 적립식 투자'를 추천하는 이유이며, 최소 5년 이상 장기투자를 권하는 이유다.

둘째, 개인 투자자는 정보가 부족하다.

단기간에 주식을 사고파는 사람은 정보가 많이 필요하다. 언제 사야 하고, 언제 팔아야 하는지 타이밍을 고려하는 것이 큰 수익을 남기는 방법이기 때문이다. 단기 매매하는 사람은 우리가 투자하는 ETF 대신 특정 회사 주식에 투자한다. 여러 회사를 묶은 ETF보다 특정 회사의 주가 변동성이 크기에 시세차익을 노릴 수 있기 때문이다.

특정 회사에 투자하면 공부할 것이 많아진다. 우선 그 회사가 속한 산업의 동향을 파악해야 한다. 사양 산업인지 성장 가능한 산업인지 알아야 한다. 또한 그 회사의 재무제표를 분석할 수 있어야 한다. 성장하는 산업 중 성장하는 기업을 찾아야 한다. 산업과 기업 모두 공부해야 하며, 그만큼 정보가 많이 필요하다는 뜻이다.

하지만 시장이나 섹터에 투자하는 ETF는 생각보다 정보가 별로 필요하지 않다. S&P500 ETF나 미국나스닥100 ETF 그리고 미국테크TOP10 ETF는 아예 공부가 필요 없는 주식이다. 미국 주식시장의 미래와 기술 관련 회사의 미래에 대해 인터넷에 나오는 자료만 공부해도 충분하다.

다만 차이나전기차 ETF와 필라델피아반도체나스닥 ETF와 같은 전기차 섹터와 반도체 섹터에 투자하는 경우, 해당 시장에 대해 좀 더 공부할 필요가 있다. 이 시장이 앞으로 어떻게 성장할 것인가 투자자로서 확신이 필요하기 때문이다. 하지만 전기차 미래와 반도체 미래에 대한 공부도 그리 많은 시간이 필요하지 않다.

셋째, 사고파는 타이밍을 맞추기 어렵다.

주식을 사면서 언제 팔아야 하는가 고민하는 사람이 있다. 파는 시점을 고민하는 투자자는 단기투자자다. 주식에서 성공하고 싶다면 '주식은 보유하기 위해 사는 것'이라는 관점으로 바꿀 필요가 있다. 물론 용돈 벌이를 위해서 투자하는 사람이라면 예외다. 단기간에 사고팔며 생활비를 벌 수 있다. 하지만 부자가 되기는 어렵다.

많은 공인중개사가 부동산 사고파는 일을 도와주며 돈을 번다. 좀 더 버는 사람과 그렇지 못한 사람으로 나뉠 뿐이다. 공인중개사가 부자가 되려면 사고파는 일을 통해 번 돈으로 자산을 보유해야 한다. 앞서 주식투자자에게 관점의 중요성을 강조했던 것처럼 '부동산을 보유하기 위해 사는 것'이라는 관점 전환이 필요하다.

자산가는 자산의 크기를 키우는 것에 집중한다. 자산이 커질수록 적은 수익률로도 수익금이 커지기 때문이다. 1억 원을 보유한 자산가는 10% 수익이 발생하면 1천만 원 수익이 생긴다. 10억 자산가는 같은 수익률일 때 1억 원을 벌며, 100억 자산가는 10억 원을 번다. 자산을 키우는 것이 자본소득을 키우는 원리다.

넷째, 앞으로도 주식시장은 우상향 할까?

과거보다 기술 개발은 더 이루어지고 있을까? 당연히 그렇다. 챗GPT 등장 이후 생성형 인공지능 시장은 급속도로 커졌다. 관련 기업들 주가는 치솟았고, 시장 잠재성은 앞으로 계속 커질 것이다. 기업들은 더 나은 기술 개발에 몰두하고, 관련 서비스는 더 개선될 것이며, 고객 만족도는 높아질 것이다.

여러분은 과거보다 현재 일을 더 잘하고 있는가? 일반적으로 직장에 들어가면, 시간이 지날수록 실력은 더 향상된다. 나뿐만 아니라 직장에서 함께 일하는 동료들도 열심히 일한다. 그들의 실력도 점점 더 향상될 것이다. 한 명 한 명 그러한 노력이 모여, 결국 회사는 더 성장할 것이다.

주식은 기업 일부를 사는 것과 같다. 기업이 성장하면 주가도 올라간다. 미국 시장은 어떨까? 앞으로 성장할까? 대한민국이 성장하면, 미국 시장도 지금보다 더 성장할 것이다. 미국엔 이름만 대면 알 수 있는 각 분야 세계 최고의 기업들이 모두 모여있기 때문이다. 이 회사 직원들도 우리만큼 열심히 일하고 있고, 능력은 점점 더 향상될 것이다.

최근 챗GPT가 유행이다. 인공지능서비스가 나날이 발전해서 무엇이든 질문하면 챗GPT가 답을 준다. 구글이 새로운 기술을 출시하니, 마이크로소프트도 빙챗을 출시하며 신기술을 선보인다. 국내 기업인 네이버도 한국어 특화된 인공지능 서비스를 출시한다. 기술은 계속 발전하고 기업도 그만큼 성장한다. 결국, 주식시장은 우상향할 것이다.

> **소심한 중년의 투자 명언**
>
> 주식투자의 성공 비결,
> 위험을 이해하고
> 장기적으로 꾸준히 나아가라.

08

돈이 없을수록 주식을 모아라

웹사이트 분석업체 인터넷트렌드에 따르면 23년 9월 26일 기준 국내 검색엔진 점유율은 네이버 57%, 구글 33%, 다음 4% 순이었다. 소셜미디어 플랫폼별 이용률은 유튜브 77%, 카카오톡 69%, 인스타그램 40%, 페이스북 27% 순이었다.

24년 1월 21일 한국교육개발원과 교육정책 네트워크가 초·중·고교생 1만3천863명을 대상으로 한 온라인 사회 인식 설문 조사 결과, 신뢰도가 가장 낮은 직종은 정치인이었다. 4점 척도로 신뢰도를 매겨달라는 질문에서도 학교 교사가 3.26점으로 가장 높았고, 정치인은 2.05점, 대통령은 1.99점으로 최저였다. '인플루언서'의 신뢰도는 2.23점으로 정치인과 대통령을 앞질렀다.

검색 사이트는 네이버에서 구글로 이동 중이고, 영상과 음악 등 미디어 검색은 유튜브가 대세다. 특히 중장년층은 대부분 정보 검색을 유튜브를 활용하며 신뢰한다. 〈마인드TV〉 채널 구독자 중 식사, 산책, 집안일을 할 때 TV나 라디오 대신 유튜브를 켜놓는다는 댓글을 자주 접한다.

주식과 부동산 등 투자 정보 검색도 예외는 아니다. "그 주식을 어떻게 알게 되었나?", "그 주식을 왜 투자하게 되었는가?"라는 질문에 "유튜브에서 봤다."라는 답변이 자연스러운 시대다.

유튜브 영상을 보면 전문가와 비전문가가 출연하여 다양한 정보를 제공한다. 시청자를 위해 어려운 내용을 쉽게 정리해주고, 많은 정보를 요약해서 제공하기에 감사한 마음이 든다. 우리의 시간과 노력을 절약해주기 때문이다. 다만 정보에 관한 판단은 늘 우리 몫임을 기억해야 한다.

나 또한 주식 정보를 유튜브에서 접했다. 더욱 자세한 내용은 검색 사이트를 병행했다. 영상과 글을 동시에 활용해서 나만의 방식으로 이해하고 정리하며 공부했다. 그런 경험을 바탕으로 주식투자 마인드에 대해 글과 영상으로 제공하고 있다.

투자에 대한 잘못된 관점

주식투자는 '하루라도 일찍 시작하는 것'이 절대적으로 유리하다. 하지만 투자할 돈이 없어 못 하고 있다는 말이 자주 들린다. 투자에 관한 잘못된 생각이다. 돈 많은 사람이 왜 투자를 적극적으로 할까? 이미 먹고살 만큼 자산이 충분한 사람들 아닌가? 그들보다 '돈 없는 사람'이 적극적으로 투자를 공부해야 한다.

집 주변에 가게를 보면 이번 달에도 임대 딱지가 붙었고, 또 다른 곳엔 인테리어를 새롭게 단장하느라 분주하다. 잘되는 가게와 그렇지 못한 가게는 분명 차이가 있다. 잘되는 가게에 가서 그곳에서 잘하는 점을 배운다면 성공에 가까워질 것이다.

투자는 어떨까? 얼마든지 모방할 수 있다. 잘되는 가게를 따라 하듯, 투자에 성공한 사람을 따라 하면, 그 사람만큼은 아니지만, 성공 가능성은 한결 커진다. 돈이 없을수록 투자를 더 공부해야 하지만, 안타깝게도 돈 없는 사람이 투자를 더 모른다는 것이 불편한 진실이다.

연금 부자를 꿈꾼다

나는 여유로운 노후를 꿈꾼다. 큰 자산가보다 연금 부자로 살고 싶다. 연금 부자가 되는 방법으로 주식투자를 선택했다. 여러 주식 중 국내에 상장된 미국 ETF에 투자하며, 일반 계좌보다 연금계좌^(연금저축펀드)에서 적금 넣듯 주식을 매달 사 모은다.

연금계좌는 부족한 노후자금을 만드는 최적의 상품이다. 딱 두 가지 조건을 만족하면 여러 혜택을 받을 수 있다. 첫째, 계좌를 개설하고 최소 5년을 유지한다. 둘째, 55세 이후 최소 10년 나눠서 받는다. 이 조건을 만족시키면 15.4% 대신 5.5% 연금소득세를 낸다. 세금이라는 비용을 줄이면 결국 우리 수익이 올라간다.

남은 것은 하나다. 언제 투자를 시작할 것인가 결정하는 일이다. 그리고 한 가지 더해야 할 일은 절약이다. 한 달 생활비 중 투자에 쓸 돈을 가장 먼저 빼놓아야 한다. 절약과 투자를 병행한다면 연금 부자로 가는 길이 점점 더 가까워질 것이다.

> **소심한 중년의 투자 명언**
>
> 돈이 없을수록,
> 절약하고 꾸준히 주식을 모아
> 연금 부자를 꿈꾸자.

09

월급쟁이 직장인의
노후 준비를 위한 최고의 투자법

초보 투자자는 '장기투자를 해라'는 조언을 자주 듣는다. 장기 투자란 어떤 개념일까? '주식을 오래 보유한다'라는 개념보다 '투자 기간을 길게 본다'라는 의미에 더 가깝다. 주식은 변동성이 큰 투자 상품이기 때문에 단기 예측보다 장기 예측이 더욱 논리적이기 때문이다.

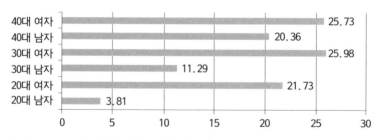

출처 : 2023년 11월말 기준 수익률 [자료 = NH투자증권]

매일경제 2021년 1월 9일 기사에 따르면, 2020년 주식투자를 처음 시작한 20대 남성의 투자 수익률이 전 세대와 성별 중에서 가장 낮은 것으로 조사됐다. 20대는 수익률은 최하위였지만 회전율^(주식 거래 빈도)은 가장 높았다. NH투자증권에 따르면 20대 남성의 수익률이 3.81%로 가장 낮았다. 반면 30대 여성의 수익률은 25.98%로 가장 높았다.

20대의 낮은 투자 수익률은 높은 회전율에서 원인을 찾을 수 있다. 높은 회전율이란 사고파는 매매 횟수가 많음을 뜻한다. 20대 남성의 회전율은 68.33배^(6,833%)로 모든 나이 중에서 가장 높았다. 흔히 높은 회전율은 거래비용 때문에 수익률을 악화시킨다. 또한 한두 번 성공은 가능하지만, 계속해서 성공하기는 불가능하다. 9번 성공 후 10번째 실패하면 모든 걸 잃을 수도 있다.

한화투자증권 분석자료도 마찬가지다. 2015년 한화투자증권 계좌에서 주식을 거래한 고객 6만 명의 데이터를 분석한 결과, 회전율과 수익률은 반비례했다. 회전율 100% 이하인 그룹의 연간 수익률은 7.1%인 데 비해 회전율이 2,000% 이상인 그룹의 연간 수익률은 -18.4%였다.

오르락내리락 요동치는 주가의 단기 시세에 관심을 두지 않을수록, 주식시장에서 이길 확률이 높아진다. 보통 통계자료에 따르면, 장기적으로 주식시장에서 큰돈을 번 개인 투자자는 5% 이하라고 한다. 나머지 95%는 왜 성공하지 못하는 것일까?

이런 이야기를 들으면 이유와 원인을 다 알 거 같다. 머리로는 끄덕이며 이해한다고 말한다. 하지만 왜 장기투자와 적립식 투자를 지속해서 유지하지 못하는 것일까? 이 방법대로 하면 성공한 개인 투자자 5%에 포함될 수 있다는 사실을 알지만 왜 안 되는 것일까? 인내하며 기다리는 건 아무나 할 수 있는 게 아니기 때문이다.

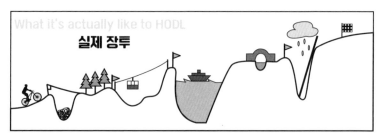

장기투자의 현실

헬스장에서 운동하면 건강에 도움이 된다는 사실은 다 안다. 하지만 매일 운동을 하는 사람은 드물다. 운동도 하루 이틀만으로 습관이 생기지 않듯, 투자도 한 달 두 달 투자했다고 '투자습관'이 몸에 생기지 않는다. 몸에 근육이 생기듯 투자에도 근력이 필요하다. '투자 근력'을 키우려면, '기분대로 감을 믿고 투자하는 방식'에서 '기본을 지키는 규칙적인 투자방식'으로 바꿔야 한다.

이런 측면에서 월급 받는 직장인에게 '주식'은 최고의 투자방법이다. 급여를 받을 때마다 적립식 투자가 가능하므로, 단단한 투자 근육을 만들기 유리하다. 하지만 성공을 강의하는 사람들은 월급생활자를 비난한다. "사업을 하라, 창업하라!" 등 월급의 노예에서 해방하라고 강조한다.

성공학 강사들은 성취를 강조한다. 직장에서는 자기가 선택한 일이 아닌 남이 시킨 일을 하는 것이기 때문에 성취감을 맛볼 수 없다고 한다. 하지만 월급쟁이 인생에도 성취가 숨겨져 있다. 바로 월급을 매달 받는다는 것이 한 달에 한 번씩 우리가 얻는 보상, 즉 성취라는 의미이다.

월급은 미래의 수입을 안정적으로 만드는 가장 확실한 방법이다. 월급을 쉽게 보는 것은 그 안에 담긴 지속성과 안정성을 간과하기 때문이다. 지속성과 안정성은 앞서 언급한 투자 근력을 키우는 데 가장 중요한 능력임을 기억하자. 빠른 기간에 빨리 부자 되는 방법은 욕심에서 비롯된다. 욕심은 눈을 가리고 악수를 두게 만든다.

투자 근육을 만든다는 개념으로 주식투자를 바라보자. 오마하의 현인이라 불리는 워런 버핏은 한두 번의 최고 수익률보다 매년 적당한 수익률을 유지하는 것이 투자 성공의 비결이라 강조한다. '시간'에 투자하는 복리의 마법을 활용하기 위함이다. 직장인은 퇴직연금 제도가 있고, 연금저축펀드도 활용해서 개인연금을 준비할 수 있다.

<표 1>

20년 목표	연평균 수익률			
월 투자금	8%	10%	12%	15%
10만원	5,929만	7,176만	9,991만	15,160만
20만원	11,859만	14,351만	19,983만	30,319만
30만원	17,788만	21,527만	29,974만	45,479만

<표 1>은 월 투자금과 연 수익률에 따라 자산의 크기가 달라짐을 보여준다. 국내 상장된 미국나스닥100 ETF를 매월 10만 원씩 20년을 꾸준히 투자하면, 1억 원 이상 만들 가능성이 크다. 만약 매월

30만 원을 투자한다면, 3억 원 이상 자산을 만들 수 있다. 앞으로 미래의 주가를 장담할 수 없지만, 과거 10년 이상의 자료가 이를 뒷받침한다.

[그림 1] TIGER 미국나스닥100 ETF 주가 그래프 (출처: 구글 금융)

[그림 1]은 국내 상장 미국 ETF를 대표하는 TIGER 미국나스닥100 ETF 주가 그래프다. 2010년 1만 원에 상장해서 현재 114,090원이다. 1,014% 수익률이므로 당시 1억 원을 투자했다면 현재 11억 4천만 원이 되는 셈이다. 약 11배 상승한 결과다. 결과만 보면 이렇게 안정적으로 커다란 수익을 우리에게 안겨주는 자산이 또 있을까?

〈표 2〉는 연 수익률을 12%로 가정할 때, 투자 기간에 따라 원금과 미래 자산이 어떻게 달라지는지 보여준다. 가령 매월 20만 원씩 10년을 꾸준히 투자하면, 원금은 2,400만 원이고 자산은 4,646만 원이 예상된다. 여기서 10년 더 투자하면, 원금은 4,800만 원이고 자산은 2억 원 가까이 된다.

<표 2> 연수익률 12%일 때 투자 기간에 따른 미래 자산

월 투자금	투자기간	원금	자산
500,000 연수익률 12%	120개월(10년)	60,000,000	1억 1,617만
	180개월(15년)	90,000,000	2억 5,228만
	240개월(20년)	120,000,000	4억 9,957만
200,000 연수익률 12%	120개월(10년)	24,000,000	4,646만
	180개월(15년)	36,000,000	1억 91만
	240개월(20년)	48,000,000	1억 9,983만

연금저축펀드(연금계좌), 퇴직연금 그리고 국내 상장 미국 ETF의 조합은 가장 가성비 좋은 투자방법이다. 월급쟁이 직장인에게 이보다 더 효과적인 투자방법이 있을까?

"

소심한 중년의 투자 명언

월급쟁이 직장인의 노후 준비,

꾸준한 적립식 투자로 미래를 설계하라.

"

제 2 장

100% 성공하는 투자 전략

100% successful investment strategy

부자 되는 투자법은
일의 종류에 따라 다르다

긴 연휴를 마치고 모두 생업으로 복귀한다. 명절이 길어지면 사건·사고가 더 자주 발생한다. 가족이나 친지 간 돈 문제로 발생하는 사건이 가장 안타깝다. 돈으로 행복을 살 수는 없지만, 돈 때문에 불행해진다는 말이 떠오른다.

세상에 열심히 일하지 않는 사람은 없다. 다만 월급만으로는 치솟는 물가를 감당하기는 어렵다. 이제 투자는 선택이 아닌 필수인 시대라고 한다. "어떻게 투자하면 인플레이션을 헷지(hedge)할 수 있을까? 나에게 적합한 투자방법과 자산은 무엇일까?" 고민할 필요가 있다. 부동산이든 주식이든 상관없다. 중요한 것은 내 상황과 성향에 맞는가를 판단하는 능력을 갖추는 것이다.

"투자방법은 투자자 수만큼 다양하다."라고 말한다. 소득의 종류가 다르고, 투자자 성향과 투자목적이 달라서 그만큼 다양한 투자방법이 존재하기 때문이다. 특히 자신이 하는 일과 보상 시스템에 따라 재테크 기법은 달라져야 한다. 먼저 베스트셀러 《세이노의 가르침》을 참고로 재테크 전략을 정리해 본다.

첫째,
같은 일을 반복하며 시간이 지나면 봉급이 인상되는 일.

대표적으로 공무원, 교사, 군인 등이 있다. 이런 일에 종사할 경우, 남에게 돈 주고 시키는 일을 직접 배워 실행하려는 자세가 필요하다. 지출을 줄여 투자의 종잣돈을 빨리 만들기 위함이다. 추가적인 수입을 원한다면 본인 상황에 맞게 부업을 하는 것이 현명하다.

둘째,
같은 일을 반복하지만 일에 대한 대가가 사회적으로 거의 고정된 일.

예를 들어 경비, 운전기사, 건설 노동자, 농부, 식당 종업원, 말단사원 등이 있다. 이런 일에 종사하는 사람은 연관된 모든 일을 스스로 배워야 몸값이 올라간다. 가령 경리 업무를 담당한다면 경리뿐만 아니라 세무, 회계, 컴퓨터 실무까지 통달해야 한다.

재테크를 통해 추가 수입을 만들기보다 주어진 임무와 관련 일까지 배우려는 적극적인 '태도'를 갖추는 것이 먼저다. 몸값을 올리는 것이 중요하다는 의미다.

셋째,
같은 일을 반복하며 본인 노력에 따라 수입이 늘어나는 일.

대표적으로 의사, 변호사, 학원 강사, 건축사, 영업사원 등이 있다. 이런 일에 종사하는 사람은 고객의 숫자에 비례하여 수입이 늘어난다. 고객의 신뢰를 얻는 퍼스널 브랜딩이 중요하다.

비교적 종잣돈 만들기가 수월하며, 전통적인 포트폴리오(현금, 동산, 주식 등)에 따라 재산 증식을 꾀하기 쉽다. 수입대비 소비를 얼마나 조절하느냐에 따라 부자 되는 속도의 차이가 발생한다.

넷째,
같은 일을 반복하고 있으면 곧 경쟁자에 의하여 잡아먹히는 일.

대개 사업가와 장사꾼이다. 일 자체에서 큰돈을 벌기도 하지만, 그 돈으로 주식이나 부동산에 투자하여 부자가 되는 경우가 많다. 경제와 돈의 흐름, 투자 및 절세 방법 등 자본주의 시스템을 잘 알고 활용하는 능력을 갖추고 있다. 부자들은 대부분 이 부류에 속한다.

다섯째,
같은 일을 반복하며 하던 일이 다른 일로 자주 바뀌는 일.

대부분 봉급생활자가 여기에 해당한다. 끊임없는 자기 계발을 통해 몸값을 올려야 한다. 재테크는 첫 번째 종류의 일을 하는 사람과 유사하다. 월급보다 물가가 더 빠르게 올라가는 것이 현실이다. 지출을 최대한 줄이고 추가 수입을 찾으며 종잣돈 모으기에 집중해야 한다.

어떤 직업군에 있더라도 그리고 어떤 투자방법을 선택해도 변하지 않는 진리가 있다. 많이 벌고, 적게 쓰고, 절약한 후 투자금을 늘리는 것이 부자 되는 지름길이다. 또한 《세이노의 가르침》처럼 직업에 따라 재테크와 자기 계발의 우선순위를 잘 살피는 것이 핵심이다.

결혼하지 않는 20~30대가 계속해서 늘고 있다. 결혼해도 아이 출산을 꺼리는 딩크족 부부가 많아진다. 대출을 최대한 활용해서 영끌로 구매한 아파트는 전세를 주고 본인은 월세를 산다. IMF와 저금리 등 힘든 경제 상황을 겪은 부모를 보고 자란 세대이다. 치열한 학업 경쟁을 뚫고 입시에 성공했으나 장밋빛 인생보다 학자금과 생활비 마련을 위해 더 치열한 현장으로 뛰어든 세대이다.

경제 문제를 해결하고자 누구보다 열심히 사는 세대임을 잘 안다. 다만 "빨리 부자가 되는 비결은 빨리 부자가 되려는 마음을 버려야 한다."라는 김승호 회장의 말을 기억해야 한다. 주어진 일의 종류에 따라 어떤 재테크 전략을 활용할지 심사숙고할 시기이다.

부동산, 주식, 달러, 원자재, 코인 등 자산의 종류가 많지만 크게 부동산과 주식으로 나뉜다. 내 성향에 맞는 자산의 종류를 선택할 필요가 있다. 그래서 최소한의 경제 공부를 해야 하는 것이 중요하다.

가령 주식을 선택했다면 주식투자 안에서도 종류가 다양하다. 삼성전자, 애플 등 개별주식이 있고, 10개 회사 이상을 묶은 ETF(상장지수펀드) 상품도 있다. ETF에서도 미국 S&P, 미국나스닥 등 시장 전체를 따라가는 상품이 있고, 전기차, 반도체 등 특정 업종으로 구성된 상품도 있다. 투자목적과 투자성향에 맞게 공부를 시작해 보자.

> **소심한 중년의 투자 명언**
>
> 부자 되는 투자법은
> 자기 일과 성향에 맞춘 전략을 찾는 것에서 시작된다.

현금 3억 원이 있다면
부동산과 주식 중 어디에 투자할까?

"현금으로 목돈을 갖고 있다면 어떤 투자를 할 것인가?"라는 질문은 많은 사람이 바라는 것으로 기분 좋은 상상을 하게 만든다. 당신이라면 현금 보유, 예금이나 적금, 이것도 아니면 어디에 투자할 것인가?

아내와 나는 좋아하는 투자방법이 다르다. 만약 현금 3억 원이 있다면 아내는 부동산 투자를 할 것이고, 난 주식투자를 할 것이다. 최근 수년간 주식투자에 대해 아내에게 설명을 해줘서, 현재 아내도 연금계좌에서 주식투자를 하고 있다. 그전까지는 무조건 부동산 투자를 선호했던 사람이다.

첫 번째, 부동산 투자.

아내는 3억 원으로 아마도 분양받을 아파트를 찾을 것이다. 주변 시세보다 낮은 분양가 아파트 단지를 검색할 것이다. 서울에서 분양가 10억 원이라면 계약금과 기타 비용으로 2억 원 이상 필요하다. 가진 돈에서 가장 좋은 아파트를 매수하는 전략이다. 갭투자를 공부한 사람이라면 서울에서 좀 벗어난 경지도 지역에서 저렴한 아파트 2채를 투자할 수 있다.

부동산 투자의 장점이라면 레버리지 활용법이다. 적은 '순 자산'으로 전체 자산을 크게, 빠르게 만들 수 있다. 단점은 계획대로 투자가 이루어지지 않으면 큰돈이 묶일 수 있다는 것이다. 다른 투자 기회를 놓칠 수 있고, 마음고생을 하는 시기가 길어지기도 한다.

결론적으로 일반인 수준에서 부동산 투자를 한다면, 입지 좋은 아파트에 투자하는 방법으로 수익과 안정성을 모두 잡을 수 있다. 물론 투자 전문가라면 토지, 분양권, 경매 등 더 효과적인 방법으로 투자할 수 있다. 아내는 전문가가 아니므로 일반인 수준에서 투자한다고 가정하자.

두 번째, 주식투자.

내가 가장 좋아하는 주식 종목 중 하나는 미국 나스닥100 ETF 이다. 세계 주식시장에서 미국은 45% 정도 차지한다. 대한민국은 약 2% 정도다. 대한민국 국민의 한 사람이지만, 주식투자에서 작은 국내 시장보다 전 세계 시가총액의 절반 정도 해당하는 미국에 주목할 필요가 있다.

미국 나스닥100 ETF는 컴퓨터 하드웨어와 소프트웨어 등 IT, 통신, 도소매무역, 생명공학 등으로 다양한 분야로 구성된다. 다만 부동산 관련 리츠와 투자회사 및 금융회사에는 투자하지 않는다. 나스닥100 ETF는 미국 나스닥증권 시장에 상장된 기업 중 상위 100개 종목에 투자한다.

100개 회사라고 하지만 상위 5개 회사에 32.5% 투자하고, 상위 10개로 늘리면 46.6% 투자한다. 상위 10개 회사에는 '매그니피센트 7'이라 불리는 빅테크 기업 7개(애플, 마이크로소프트, 엔비디아, 아마존, 페이스북, 구글, 테슬라)가 모두 포함되어 있다.

국내에서는 2010년 10월 18일에 상장되었다. 미국 나스닥100

을 추종하는 ETF 중 가장 큰 규모인 'TIGER 미국나스닥100 ETF'의 현재 순자산 규모는 3조 6천억 원이다. 현재 수익률은 무려 1,095%, 10배 이상 상승했다. 만약 2010년 1억 원을 투자했다면 현재 11억 원이 된다.

세 번째, 반반 투자.

한 가지 투자법만 고집할 필요가 없다. 반반 투자방법도 있다. 3억 원 중 1억 5천만 원으로 경기도 아파트 갭투자를 알아보고, 나머지 1억 5천만 원은 주식에 투자할 수 있다.

투자 공부량으로 비교하면 주식투자가 훨씬 유리하다. 안전성으로 비교해도 주식으로 적립식 투자하는 방법이 더 안전하다. 수익률은 어떨까? 앞서 설명한 나스닥100은 14년 만에 11배 이익을 거두었다. 과연 어떤 부동산으로 이런 결과를 얻을 수 있을까?

제아무리 좋은 투자방법을 알려줘도 각자 성향과 상황에 맞게 선택해야 한다. 우리가 반드시 품어야 하는 질문은 "나는 왜 이 투자를 해야 하는가?"이다. 난 전업투자자를 꿈꾸지 않는다. 그래서 복잡하고 스트레스 많이 받는 투자법은 멀리한다. 쉽고 빠르게 투자를 마치고 남은 시간은 가족과 함께 보내며, 즐거운 취미활동을 하고 싶기 때문이다.

여러분은 어떤 투자를 선호하는가? 혹시 투자에 전념하느라 놓치고 있는 것은 없는가? 투자하는 목적은 나와 주변이 행복하기 위함임을 기억하자. 또한, 그 행복은 미래에 있는 것이 아니라 바로 지금 이루어져야 함을 잊지 말자.

> **소심한 중년의 투자 명언**
>
> 돈 많으면 부동산,
> 돈 없으면 주식부터 시작하라.

삼성전자 주식을 팔아야 하는
5가지 상황

2023년 들어 코스피가 급상승했다. 2023년 말 코스피 지수는 2,600 포인트를 넘기며 연중 375.69 포인트 상승했다. 16.88% 수익률이다. 대한민국 시가총액 1위인 삼성전자 주가도 빠르게 오르고 있다. 현재 삼성전자 주가는 73,700원으로 작년에 16,700원 상승했다. 무려 30% 수익률을 보인다. 8만 전자가 눈앞이라는 보도가 눈에 띈다.

삼성전자가 8만 원을 향한다는 소식에 두 가지 상황이 펼쳐진다. 개인 투자자는 매도하는 사람이 늘어나고, 외국인은 매수하는 투자자가 늘어나고 있다. '외국인은 풀매수, 개인은 풀매도'라는 제목의 이코노믹리뷰 특집기사를 읽었다. '개인 투자자는 주식으로 돈 벌기 정말 어렵겠다'라는 생각을 다시 한다. 같은 상황인데 왜 이렇게 다른 반응이 나타날까?

이런 상황은 이전에도 반복되었다. 2020년 후반기, 삼성전자 주가가 '10만 전자 간다'는 소식에 개인은 풀매수를 했다. 반면 외국인은 풀매도를 했다. 외국인이 수익을 내고 던진 주식을, 개인이 그대로 주워 담았다. 요즘 상황은 그 반대다. 개인이 던진 주식을 외국인이 담고 있는 모습이다.

성공적인 주식투자자들은 '수익을 낼 때 크게 내고, 손실이 날때 최소화하라!'라는 조언을 한다. 하지만 개인은 조금만 수익이 발생하면 급하게 주식을 팔고, 손실이 커지고 커져서 더는 버티지 못할 때 손절매하며 큰 손해를 입는다.

한국예탁결제원이 3월 16일 12월 결산 상장사 2,509곳의 주식 소유자 현황을 분석한 자료에 따르면, 삼성전자 주주는 638만 755명으로 집계됐다. 전년 561만 4,490명과 비교하면 76만 6,265명 늘었다. 뒤이어 카카오 206만 6,529명, 현대자동차 120만 9,826명, 네이버 105만 1,660명, SK하이닉스 100만 7,067명 순서다.

유튜브에서 〈마인드TV〉 채널을 운영하면서 삼성전자를 주제로 영상을 올리면 조회수가 높은 편이다. 600만 명 넘는 주주가 있어서 관심 있게 지켜보는 사람이 많기 때문이다. 다만 개인 투자자 중 제대로 지식을 갖추고 투자하는 사람은 적다. 스스로 사고파는 기준을 가진 투자자보다 뉴스나 소문 듣고 매매하는 사람들인 셈이다.

주식은 반드시 자기만의 매매원칙을 가져야 한다. 그 기준을 지키면서 본인이 돈 버는 방식을 스스로 만드는 경험이 필요하다. 전문적 지식을 갖추고 삼성전자 주식을 사고팔면 좋겠지만, 그런 여유가 없는 투자자를 위해 팔아야 하는 5가지 이유를 정리했다.

첫째, 당장 돈이 필요하면 매도한다. 무슨 이유가 필요한가? 돈이 필요하면 팔아서 사용한다.

둘째, 삼성전자 주식 비중이 너무 높다면, 적당한 수익 구간에서 일부 팔고 더 좋은 주식으로 갈아탄다.

셋째, 향후 회사의 성장 가능성이 보이지 않으면 팔아야 한다.

넷째, 경영진이 커다란 문제를 갖고 있다면 팔 준비를 해야 한다.

다섯째, 가능하면 오래 보유한 후 노후 생활비 목적으로 조금씩 판다.

국내 주식은 추천하지 않지만, 미국 주식에 대한 신뢰가 없는 경우라면 삼성전자를 매수하는 편이 낫다. 삼성전자 주식을 사는 사람은 '주식은 팔기 위함이 아니라 보유하기 위함'이라는 사실을 기억하길 바란다. 더 좋은 주식을 발견하지 못했다면 자산을 키운다는 목표로 주식 수량에 집중하자.

주식은 회사의 지분을 보유하는 것이다. 다른 말로 단 1주라도 보유하면 주주가 되어 경영에 참여하는 것이다. 좋은 회사를 운영하는 사람이라면 이 회사가 수익이 발생하고 있을 때 바로 팔려고 하겠는가? 좋은 회사라면 대를 이어서라도 보유하고 싶을 것이다.

삼성전자 주식뿐만 아니라 개인 투자자는 본인의 투자철학을 되짚어봐야 한다. 주식투자를 주택을 구매하듯 접근한다면, 머지않아 수익을 낼 확률이 높아질 것이다. 만약 충분한 시간을 보유한다면 생각보다 커다란 자산을 만들 수도 있다. 자산을 키워야 복리 효과를 극대화할 수 있고, 자산을 키우면 작은 수익률에도 커다란 이익금을 가져다준다.

> **소심한 중년의 투자 명언**
>
> 주식 매수는 팔기 위함이 아니라
> 보유하기 위함이다.

주식으로 돈을 잃지 않는
2가지 방법이란?

　여기저기서 주식 이야기가 자주 들린다면, 특히 주부 입에서 주식 관련 대화가 들리면 투자 과열 상태다. 팔고 나오라는 신호라고 말한다. 이때는 거리를 두는 것이 좋다. 반대로 주식투자에 관한 이야기가 주변에서 많지 않다는 것은 '투자하기 좋은 시기'라는 의미다. 투자를 공부하기 적당한 시기인 요즘, 주식으로 돈을 잃지 않는 방법 두 가지를 소개한다.

첫 번째, 시장을 이길 능력이 없다면 시장에 투자하라!

김승호 회장의 베스트셀러인 《돈의 속성》에서 시장을 이길 능력이 없다면 '시장을 그냥 사라'고 추천한다. 월스트리트 저널은 2021년 11월 말, 미국의 액티브펀드 중에 85%가 S&P500 지수 상승률을 밑돌았다고 보도했다. 액티브펀드란 시장의 평균 성장을 앞서겠다고 만든 펀드들이다. 그러나 15%를 제외한 많은 펀드들이 시장을 이기지 못했다.

여기서 '평균'이라는 단어에 속으면 안 된다. 일상에서 평균은 '벌지도 못하고 잃지도 않은 상태'로 인식한다. 하지만 주식투자에서 '시장 평균 수익률'은 시장을 뜻하는 S&P500 인덱스펀드 수익률을 뜻한다. 평균적으로 매년 8~9% 수익률이다. 해마다 이런 이익을 거둔다면, 장기투자자는 복리의 마법을 제대로 누릴 수 있다.

시장 평균을 이겨보겠다는 뛰어든 투자 전문가 중 단 15%만 S&P500 지수를 능가한 것이다. 머리 아프게 이 회사 저 회사 기웃거리며 투자하느니, 그냥 S&P500 인덱스지수를 매수하면 수익률 상위 15%에 해당한다는 뜻이다.

전업투자자가 아니라면 특정 주식을 사기엔 공부할 시간이 부족하다. 그냥 시장을 사는 것을 추천한다. 투자의 전설 존 보글은 "건초 더미에서 바늘을 찾느니 건초 더미 전체를 사라!"고 조언했다. 결론적으로 S&P500 지수를 추종하는 ETF를 매수하면 된다. 꾸준히 투자하면 어느덧 수익 상위권에 다다를 것이다.

두 번째, 성공적인 투자자의 노하우를 내 것으로 만들어라!

왜 우리는 수많은 자기계발서를 읽고, 수많은 동영상 강의를 시청했음에도 불구하고 그들처럼 되지 못하는가? 보통 실천을 하지 않았기 때문이라고 말한다. 과연 그럴까? 책과 강의에서 제안한 방법으로 실천했음에도 부자가 되거나 성공자가 되지 못한 사람들이 대부분이다. 왜 그런 것일까?

3,000권 이상 책을 읽고, 70권의 책을 출간한 김종원 작가는 글을 쓰지 않았기 때문이라고 말한다. 책이든 강연이든 결국 글을 바탕으로 만들어졌다. 부자가 된 사람들은 글을 통해 우리에게 전달한 것이다. 우리가 그들처럼 되려면 내가 읽은 것과 본 것을 글로 남길 수 있어야 한다. 책의 종류는 상관없다. 우리가 무엇을 읽고 발견하

는가가 중요하다.

김종원 작가는 "책은 끝을 보기 위해 읽는 것이 아니라 중간에 멈추기 위해 읽는 것이다."라고 강조한다. 중간에 영감을 주는 문장을 만나면, 책을 덮고 내 생각을 정리하라고 조언한다.

내 생각을 글로 표현하는 능력이 향상될수록, 글을 내 마음과 가장 가깝게 표현하는 사람이 된다. 성공한 사람들이 되고 싶은가? 자기만의 글을 쓰기 위해 모든 것을 활용해야 한다. 무슨 책을 읽는지보다 '어떻게' 읽는가가 더 중요하다.

유튜브 영상을 보는 것도 마찬가지다. 영상을 보는 도중에 마음에 와닿는 내용을 만나면, 영상을 잠시 멈추고 생각을 글로 정리한다. 글을 쓰면서 내 생각을 가장 가깝게 표현하도록 글 쓰는 능력을 향상하기 위해 노력한다.

'내가 투자를 하는 이유는 무엇일까? 나는 어떤 방식으로 투자할 것인가? 지금보다 돈을 더 벌기 위해 어떤 노력이 필요할까? 노후에 나에게 필요한 자산은 얼마일까?' 등 영감이 떠오르면 반드시 노트나 메모장에 정리해야 한다. 진정 내 것으로 만들어야 변화가 일어나기 때문이다.

주식으로 돈을 잃지 않고 싶다면 두 가지를 기억한다. 첫째, 시장을 이기려는 대신 그냥 시장을 매수한다. 둘째, 성공한 투자자의 노하우를 모방한다. 바로 이 책에서 제시한 방법을 따라 하는 것이다.

> **소심한 중년의 투자 명언**
>
> 주식으로 돈을 잃지 않으려면,
> 그냥 시장을 사라.

05

주식투자의 성공공식이 있을까?

많은 사람이 김승호 회장을 만나면, 어떻게 성공하게 되었는지 묻는다고 한다. 김승호 회장은 만 40세이던 2005년, 전 재산이던 2,300달러(약 253만 원)로 80만 달러(8억 8,000만 원)짜리 식품 회사를 넘겨받았다. 휴스턴에서 식당가맹점을 분납 조건으로 넘겨받은 것이 스노우폭스의 시작이었다.

그 후 18년간 회사를 키워 미국 40여 개 주와 세계 11개국에 진출해 3,800개 매장과 8,000여 명의 임직원을 둔 글로벌 외식기업 스노우폭스으로 성장시킨 장본인이다. 김 회장은 2023년 일본 최대 식품 서비스 기업 젠쇼에 6억 2,100만 달러(약 8,000억 원)에 매각했다.

추진 중이던 나스닥 상장도 젠쇼에 역할을 넘기며 물러났다.

김승호 회장은 2023년 출간한 책 《사장학개론》에서 '사업에 성공공식은 없다'라고 말한다. 덧붙여 만약 사업에 공식이 있다면 모든 사람이 사업에 성공했을 것이라고 언급했다. 그렇다면 어떤 사람은 성공하고, 어떤 사람은 실패하는 것일까? 세상에 공식은 없기에 자기만의 공식을 만들어야 한다고 강조한다.

공식이 있을 것이란 생각에 많은 사람이 찾아와 "회장님, 이렇게 하면 제가 부자가 될 수 있을까요?"라고 묻는다. 안타깝지만 김 회장도 정답을 말해줄 수 없었다. 오로지 자기만의 답을 찾아가는 과정이 있을 뿐 정답은 없기 때문이다.

이 이야기를 듣고 한가지 질문이 떠올랐다. 그렇다면 주식투자의 성공공식은 있을까? 나는 없다고 생각한다. 다만 사업에서 자기만의 답을 찾아가듯, 주식투자에도 자기만의 공식을 만드는 과정이 필요한 것이다.

성공공식이란 단어가 거창하게 들릴 수 있다. 쉽게 말하면 '돈 버는 방법'이다. 주식투자로 돈 버는 방법이 어떤 공식처럼 존재할까? 그렇게 하면 투자자 모두 돈을 벌까? 그런 공식은 없다. 다만 그 방법을 찾는 노력은 우리 각자의 몫이다.

나는 주식투자에 대해 이러쿵저러쿵 떠들고 글 쓰는 사람이다. 만약 좋은 종목을 발견하고 그 종목을 추천하더라도 모두가 돈을 벌 수 없다. 첫 번째, 처한 상황이 다르기 때문이다. 같은 종목이라도 언제 사느냐, 언제 파느냐에 따라 누군가는 돈을 벌고 누군가는 돈을 잃기 때문이다. 저마다 상황에 맞게 사고파는 행위를 한다.

두 번째, 목적이 다르기 때문이다. 만약 투자목적이 같다면 투자방식이 비슷해질 것이다. 나처럼 노후 준비를 위해 주식투자를 한다면, 내 방식과 여러분의 방식이 조금 비슷해질 것이다. 하지만 투자금액, 투자 기간, 최종 목표금액에 따라 투자방식이 달라진다. 주식을 거래하는 날짜도 다를 것이다. 결론적으로 단 하나의 주식투자 성공공식이나 정답은 존재하기 어렵다는 결론이다.

다만 우린 선배 투자자들의 책이나 강의를 통해 간접경험을 할 수 있다. 그들의 투자방식을 통해 배움을 청할 수 있다. 그들이 알려주는 지식과 지혜를 활용해서 우리가 스스로 돈 버는 방법을 터득할 수 있다. 그들의 공통적인 메시지는 성장 가능성이 있는 시장에 장기투자하고, 분산투자하며, 매월 적립식 투자하라는 것이다.

선배들의 지식과 지혜를 활용하여 반복해서 돈을 벌면 결국 나만의 성공 공식이 된다. 자기만의 주식투자 방법으로 돈을 버는 방식을 터득하게 된 것이다. 하나의 성공 공식이 탄생하는 순간이다.

〈월급쟁이 부자들〉 유튜브 채널을 운영하는 너나위는 행복한 인생을 살기 위해 지켜야 할 4가지를 소개한다. 바로 돈, 일, 관계, 건강이다. 이 4가지를 어떻게 만들고 관리하느냐에 따라 누군가는 행복하고 누군가는 행복하지 않을 수 있다. 어떤 이는 쉽게 행복해지고 다른 이는 행복을 찾아가는 길이 어렵다고 느낄 수 있다.

돈과 행복에 대해서 많이들 궁금해한다. 나도 늘 그랬다. 한 가지 분명한 깨달음은 평소 불행한 사람은 돈이 생겨도 불행하고, 평소 행복한 사람은 돈이 생기면 더 행복해진다는 것이다.

불행한 사람은 내 불행의 원인이 돈이 없기 때문이라고 생각한다. 하지만 돈이 없어 불행하기보다 가진 돈의 액수와 상관없이 자기만의 행복 공식을 모를 뿐이다. 평소 행복한 사람은 돈 때문에 행복하다고 말하지 않는다. 돈이 있어 행복하기보다 돈이 있어 행복해질 기회가 더 많아진다는 사실을 알고 있기 때문이다.

행복은 각자 비빔밥을 만드는 과정이 아닐까? 돈, 일, 관계, 건강이라는 재료를 이용해서 저마다 방식으로 비벼 먹는 밥이다. 넣는 재료의 양이 다르고, 곁들이는 고추장의 양도 다르다. 어떻게 만들면 가장 맛있는 비빔밥이 될까? 이것을 고민하는 것이 우리에게 필요할 뿐이다.

> **소심한 중년의 투자 명언**
>
> 시장을 이기는 것보다
> 자신을 이기는 것이 더 중요하다.

06

95%가 망하는 주식시장에서
5% 성공자가 되는 방법

베네수엘라가 세계 최고의 부자 나라에서 가장 가난한 나라로 추락하는 데 16년밖에 걸리지 않았다고 한다. 그 이유는 무엇일까?

베네수엘라는 전 세계에서 가장 많은 석유 매장량을 가진 나라 중 하나다. 석유를 팔아 큰돈을 벌 수 있으므로 다른 사업을 할 이유가 없었다. 원유 가격이 좋을 때는 문제가 없지만, 가격이 급락하자 결국 어려움에 빠진다. 1989년 IMF 구제금융 신청을 하고 국가 부도를 선언했다. 나를 지키던 칼이 나의 목을 겨누는 첫 번째 사례다.

지역 특산물이나 특정 제품을 주제로 하는 사업도 마찬가지다. 가령, 연어 전문점, 랍스터 전문점, 굴 요리 전문점 등 일본 방사능 오염수 노출과 같은 상황에 놓이면 사업에 치명적이다. 내가 열심히 잘하는 것과 무관하게 고객과 시장을 잃게 된다.

김승호 회장은 "사업은 언제나 전문성과 범용성의 중간에 서야 한다."라고 강조한다. 리더라면 내 사업이 어느 지점에 놓여 있는지 그리고 특정 문제 발생 시, 내 사업은 빠져나갈 방법이 있는가를 항상 고민하고 살펴야 한다. 만약 해결할 방법이 없다면, 벌어 놓은 자산을 해결책이 있는 사업에 투자할 필요가 있다.

자기 자신의 상황을 살펴야 하는 것은 직장인도 마찬가지다. 회사가 주는 월급 외에 돈 나올 곳이 없다면, 회사가 망하거나 회사를 그만두었을 때 가정경제가 흔들릴 수 있다. 직장을 다니는 동안 몸값을 올리기 위해 전문성을 키울지, 아니면 투잡이나 투자를 통해 추가 수입을 마련할지 미리 고민해야 한다.

물론 퇴근 후 전문성을 키우기 위해 자기계발을 하거나 추가 수입을 위해 투잡을 뛰는 것이 말처럼 쉽지 않다. 오랜 직장생활을 경험했고, 지금도 직장에 다니는 나조차 퇴근 후 무언가를 한다는 것

자체가 고된 일임을 잘 안다. 그래서 난 대안으로 2019년부터 주식투자를 공부했다.

나만의 주식투자 방법

다양한 투자방법이 있지만, 내가 하는 주식투자 방식은 쉽게 공부할 수 있고, 큰돈이 필요하지 않으며, 투자시간도 거의 안 들어간다. 하루 30분 공부하기, 매월 10만 원 투자 그리고 매월 30분 투자하기가 끝이다. 다만 세 가지 원칙을 지켜야 한다. 첫째는 장기투자할 것, 둘째는 ETF 투자할 것, 셋째는 매월 정액적립식으로 투자할 것.

이런 투자방식이 가능한 이유는 미국 전체 시장에 투자하는 S&P500 ETF, 나스닥 상장 기업 중 상위 100개 기업에 투자하는 나스닥100 ETF, 비메모리 반도체 30개 기업에 투자하는 필라델피아반도체나스닥 ETF, 마지막으로 세계 최고의 빅테크 기업 10개에 투자하는 미국테크TOP10 ETF에 투자하기 때문이다.

특정 회사가 아닌 시장이나 섹터에 투자하기 때문에 기업의 흥망성쇠를 살피지 않아도 된다. 매번 기업분석을 할 필요가 없다는 의미다. ETF 투자의 장점 중 하나는 리밸런싱이다. 종목 리밸런싱에 의해 매출이 하락하여 순위에 밀려나는 회사는 자동으로 종목에서 빠진다. 반대로 승승장구하는 회사는 비중이 늘어난다.

최근 챗GPT 등장으로 마이크로소프트와 구글의 경쟁이 치열하다. 다른 기업들도 이 시장에 뛰어들기 직전이다. 네이버도 가을에 한국어에 특화된 AI(인공지능) 서비스를 출시할 예정이다. 이처럼 기업 경쟁이 점점 더 심화될 것이다. 하지만 나와 같은 ETF 투자자는 느긋하다. 누가 1등을 하든 상관없기 때문이다. 이기는 편이 우리 편인 셈이다.

ETF 투자의 단점

단점도 있다. ETF 투자는 특정 회사에 투자하는 것보다 수익률이 낮을 수 있다. 테슬라, 애플, 마이크로소프트, 구글 등 개별 기업들은 최근 수백 %에서 수천 %까지 주가가 상승했다. 다만 그 과정 중 반 토막이 되기도 하고 90%까지 손실이 발생하기도 했다. 아마존은 90% 하락, 애플도 80% 하락을 겪었다. 이런 변동성을 이겨낼 수 있다면 개별 회사 투자가 가능하다.

하지만 나처럼 큰 수익률을 포기하고, 마음 편히 주식투자하고, 적당한 수익률을 얻으며, 투자 후 남은 시간엔 하고 싶은 일을 하고, 가족과 함께 일상의 행복을 누리고자 한다면 반드시 이 메시지를 기억하라. "장기투자, ETF 투자, 그리고 적립식 투자가 개미 투자자를 구원할 것이다!"

> **소심한 중년의 투자 명언**
>
> 장기투자, ETF 투자, 그리고 적립식 투자로
> 주식시장에서 성공할 수 있음을 믿어라.

07

용돈 벌이 투자 대신

인생을 바꾸는 투자의 기술

10만 부 이상 판매된 베스트셀러 《월급쟁이 부자로 은퇴하라》의 저자 너나위는 투자 3년 만에 30년 치 연봉을 벌고 100억 자산가로 거듭났다. 진정한 파이어족이 된 것이다.

이 책은 저자가 낮에는 일하고 밤에는 부동산 현장을 찾는 월급쟁이였으나, 월급쟁이에서 100억 자산가로 변신한 투자 시스템을 만든 이야기를 담고 있다. 핵심은 근로소득을 자본소득으로 바꾸는 것이다. 즉, 나 대신 일할 '시스템'을 마련하는 것이다.

너나위가 말하는 '용돈 벌이 투자'와 '인생을 바꾸는 투자'란 무엇일까? 전세가율이 80% 이상인 아파트에 5,000만 원 투자해서, 운 좋게 2~3억 원 벌었다고 가정해 본다. 이 돈으로 노후 준비를 마쳤다고 할 수 있을까? 운 좋게 상승장에 주식투자를 시작해서 1~2억 원을 벌었다고 가정하자. 이 수익금으로 노후 준비를 마친 것일까?

그 수익금으로 투자는 계속 이어질 것이다. 더 좋은 투자처를 발굴해서 더 큰 수익을 남기고 싶다. 성공 사례가 있으니 또 투자해서 그 성공을 이어가고 싶은 마음이 든다. 왠지 이번엔 더 좋은 결과, 즉 더 많은 돈을 벌 것 같은 자신감이 생긴다.

용돈벌이 투자의 2가지 문제점

여기서 두 가지 문제가 발생한다. 첫 번째, 계속해서 성공할 수 있는가이다. 과연 시세차익을 이어가는 투자를 지속해서 성공할 수 있을까? 한두 번 성공을 이어갈 수 있다. 그 성공으로 인하여 투자금은 점점 커지고, 단 한 번의 투자 실수는 그동안 쌓은 전 재산을 날릴 수도 있다. 요즘 뉴스에서는 부동산 투자로 힘겹게 살아가는 사람들 소식을 쉽게 접할 수 있다.

두 번째, 사고파는 과정에서 발생하는 수수료와 세금이다. 부동산은 구매하는 과정에서 취득세·등록세, 중개수수료, 보유하는 과정에서 재산세, 매매하는 과정에서 양도세를 내야 한다. 주식도 절세방법이 있지만, 대개 매매수수료와 양도세를 낸다. 거래가 많으면발생하는 비용도 많아진다.

너나위 작가는 "단기 시세차익을 노리는 투자는 좀 큰 용돈 버는방식의 투자입니다. 인생을 바꿀 수는 없습니다."라고 말한다. 그렇다면 인생을 바꾸는 투자란 무엇일까? 부동산 투자 전문가가 전하는 용돈벌이가 아닌 인생을 바꾸는 투자 과정은 다음과 같다.

첫째, 노후 준비를 목표로, 돈이 얼마나 필요한지 구체적으로 계산한다.

둘째, 현재 현금흐름을 파악하고 저축이나 자본 재배치를 통해투자 종잣돈을 마련한다.

셋째, 보유 자산의 크기를 키워나간다.

넷째, 매입한 부동산을 장기 보유한다.

다섯째, 은퇴 시점을 전후로 자산을 현금흐름화하거나 매도해 시세차익을 얻는다.

이 과정에서 자산의 크기를 꾸준히 키워나가 이를 장기간 보유하는 세 번째, 네 번째가 핵심이다. 이것이 '인생을 바꾸는 투자'다. 잦은 거래를 통해 적은 수익을 당장 손에 쥐는 것보다, 자산의 덩치를 꾸준히 불려 나가는 것이 장기적으로 볼 때 훨씬 유효한 전략이기 때문이다.

자산을 장기 보유하면 좋은 점 3가지

자산을 팔지 않고 장기 보유하면 세 가지 장점이 있다. 첫 번째 장점은 수익 실현을 뒤로 미뤄 불필요한 낭비를 막을 수 있다. 매입한 부동산을 팔지 않고 꾸준히 모아서 자산을 키우는 건 부동산이라는 그릇에 돈을 담아놓고 꺼내지 않는 것과 같다.

두 번째 장점은 수익의 크기는 자산의 크기에 비례하므로 자산 규모가 커질수록 수익도 커진다. 세 번째 장점은 거래 횟수가 줄어 각종 비용을 아낄 수 있다. 수수료, 세금 등 절감된 비용은 결국 자산으로 남는다.

당장 파이어족을 꿈꾸는 직장인이 아니라면, 흐지부지 써버리고 마는 '용돈벌이 투자' 대신 긴 호흡으로 자산을 쌓아 올려 '인생을 바꾸는 투자'를 추천한다. 여기서 투자역량을 갖추는 것이 중요하다. 처음부터 팔지 않을 가치 있는 부동산을 보는 눈이 필요하기 때문이다.

이제 부동산이란 단어를 '주식'으로 바꾸면 주식투자 방법으로도 충분하다. 용돈벌이 단기 투자보다 인생을 바꾸는 주식투자가 가능하다. 인생을 바꾸는 주식투자 과정은 다음과 같다.

첫째, 노후에 필요한 목표금액을 계산한다.
둘째, 저축과 절약을 통해 매월 투자금을 마련한다.
셋째, 보유 자산을 키워나간다.
넷째, 매수한 우량 주식을 장기 보유한다.
다섯째, 은퇴 시점을 전후로 필요한 만큼 주식을 매도하여 현금 흐름화한다.

이 과정에서도 세 번째와 네 번째가 핵심이다. 우량 주식을 계속해서 매수한 후 노후자산을 키우는 것이다. 주식투자 세계에는 4% 법칙이 존재한다. 투자 수익금의 4% 이내로 매도하면 투자 원금을 잃지 않으면서 자산을 키워나갈 수 있다는 것이다.

자산의 크기를 키울수록 4% 수익금은 커진다. 은퇴 시점에서 10억 원 자산을 가진 사람은 4% 룰을 적용하면 매년 4,000만 원을 쓸 수 있고, 20억 원을 가진 사람은 8,000만 원을 쓸 수 있다.

주식투자에서도 투자역량이 요구된다. 장기간 보유할 가치 있는 주식을 어떻게 찾을 것인가? 믿고 투자할만한 주식을 발굴하는 능력이 필요하다. 이런 '투자역량'을 갖춘 후 지속해서 투자를 이어간다면, 투자 원금은 계속 커지고 그 자산은 대물림된다. 대를 이어 시간에 투자하는 방식은 '복리의 마법'을 일으키고, 대물림된 자산은 더욱 커진다.

> **소심한 중년의 투자 명언**
>
> 용돈벌이 대신 인생을 바꾸는 투자로
> 아름다운 노후를 설계하라.

08

단 하나의 주식을 사야 한다면

주식투자를 시작하면서 가장 많이 하는 질문은 '어떤 주식을 사야 하는가?'이다. 나도 마찬가지였다. 어떤 회사에 투자해야 더 큰 수익을 남길 수 있을까 고민했다. 세계적인 투자가 워런 버핏은 버크셔 해서웨이 주주총회에서 이렇게 말했다.

"내 유산의 10%는 단기 국채에 넣고, 90%는 뱅가드 S&P500 인덱스 펀드에 넣으세요."라고 아내의 수탁자에게 당부했다. 그리고 "아내의 수탁자에게 한 당부는 아내의 수익률 극대화가 아니라 100% 마음의 평화입니다."라고 덧붙였다.

워런 버핏이 말한 '인덱스 펀드에 투자하라'는 조언은 이미 여러 차례 있었다. 2008년 버크셔 해서웨이 주주총회에서 30세 전업 투자자는 "18개월분 생활비를 확보한 상태에서 100만 달러를 투자한다면 구체적으로 어떻게 투자해야 할까요?"라고 질문했다.

이에 대해 버핏은 이렇게 답변했다. "모두 저비용 인덱스 펀드에 넣으세요. 뱅가드 펀드가 비용도 낮고 믿을 만합니다. 당신이 투자 전문가가 아니라면 스스로 아마추어라고 생각해야 합니다. 대형 강세장에 매수하지만 않으면 장기적으로 인덱스 펀드의 수익률이 채권 수익률보다 높을 것입니다. 나라면 인덱스 펀드에 묻어두고 일터로 돌아가겠습니다."

국내에서도 인덱스 펀드 전도사가 있다. 《당신의 주식투자는 틀렸다》를 쓴 성세영 작가도 단 하나의 주식을 사야 한다면 바로 이 주식을 사야 한다고 추천한다. 바로 '미국 S&P500 인덱스 펀드'다. 성세영 작가의 이야기를 좀 더 들어보자.

바야흐로 글로벌 독과점 시대가 진행되고 있다고 강조한다. 반도체 업종 D램만 봐도 10년 전에는 삼성전자, SK하이닉스, 엘피다, 마이크론, 난야, 도시바, NEC 등 많은 업체가 있었지만, M&A를 통해서 이제는 삼성전자, SK하이닉스, 마이크론만 살아남았다.

미국 S&P500 인덱스 펀드는 글로벌 독과점 500개 기업에 투자하는 상품이다. 대표기업으로 스마트폰, 아이패드, 핸드폰 OS, 애플 뮤직의 독과점 기업인 애플, 윈도우와 클라우드의 독과점 기업인 마이크로소프트, 아마존닷컴(전자상거래), 구글(검색, 광고), 테슬라(전기차), 존슨앤존슨(제약), 비자(결제), 월트디즈니(애니메이션), 코카콜라 등이 있다.

《당신의 주식투자는 틀렸다》에 따르면, S&P500에 포함된 주요 기업의 10년간 수익률은 애플 494%, 마이크로소프트 139%, 아마존닷컴 1,127%, 구글(알파벳) 204%, 버크셔 해서웨이 110% 등이다.

어떤 분야든 어느 한 회사는 망할 수 있다. 1등 기업이라 해도 마찬가지다. 하지만 500개 기업이 동시에 망하는 것은 불가능하다. 두세 개 회사가 망해도 큰 영향을 받지 않는다. 다양한 글로벌 독과점 기업에 투자하는 미국의 S&P500 ETF를 매수하는 이유다. 세계 최고 기업들을 포함하는 S&P500 지수에 투자하는 것은 항상 성장하는 기업에 투자하는 것과 같다.

주식 투자하는 사람은 종목선정을 가장 고민한다. 어떤 주식을 사면 단기간에 큰 이익을 취할까 고민하는 것이다. 하지만 대부분 선배 전문가들은 "시장을 예측하는 것과 주가를 예측하는 것은 불가능하다."라고 말한다. 통제할 수 없는 예측 대신 우리가 할 수 있는 것에 집중해야 한다. 바로 '주식 수량을 늘리는 일'이다.

불가능한 주가 예측은 포기하고 11개 업종의 세계적인 기업들이 포진해 있는 S&P500 지수에 투자해야 하는 이유다. 현명한 투자는 나보다 똑똑한 천재들이 24시간 운영하는 세계 최고 기업과 동행하는 것이다.

8천억 자산가이며 사장들의 사장이라 불리는 김승호 회장은 그의 베스트셀러 《돈의 속성》에서 '나는 나보다 더 훌륭한 경영자에게 투자한다.'라고 강조한다. 또한, "시장을 이길 능력이 없다면 S&P500 ETF를 사라. 수익률 상위 15%에 해당한다."라고 조언하기도 했다.

현명한 주식투자 마인드는 수익률보다 수익에 집중하는 것이다. 지속해서 이익을 높이는 방법은 주식 수량을 늘리는 것이다. 어제보다 오늘 주식 수량이 많아지면, 오늘 더 부자가 된 것이 아닌가? 20년 투자하면 총 펀드들 중 상위 10%에 해당하는 S&P500 수익률을 얻게 될 것이다.

나도 과거엔 S&P500 ETF를 추천했다. 현재는 생각이 바뀌었다. 이제는 나스닥100 ETF를 추천한다. 나스닥은 뉴욕증권거래소만큼 규모가 커져서 안정적이다. 게다가 수익률은 더 높다. 10년 이상 장기투자로 노후자금을 준비한다면 연금저축펀드^(연금계좌)와 ISA계좌에서 나스닥100을 적극 매수하자. 안정성과 수익성을 동시에 잡게 될 것이다.

> **❝**
>
> **소심한 중년의 투자 명언**
>
> 단 하나의 주식,
> 세계 최고의 기업들이 모인
> 미국나스닥100 ETF를 선택하라.
>
> **❞**

09

투자의 거장들은
왜 인덱스 펀드(ETF)를 예찬하는가?

'대한민국 ETF 1호 전도사'라 불리는 메이크잇 강흥보 대표는 《ETF 투자의 신》이라는 책을 썼다. 이 책은 초보 투자자도 쉽게 이해할 수 있게 ETF 이론 및 투자법을 설명하고 있다. 특히 투자 거장들이 인덱스 펀드(ETF)를 예찬하는 내용에 주목할 필요가 있다.

현존하는 가장 위대한 투자가 워런 버핏이 버크셔 해서웨이 주주총회에서 한 발언은 자주 오르내리고 있다. 자신이 죽은 뒤 '재산의 10%는 국채 매입에 투자하고 나머지 90%는 전부 S&P500 인덱스 펀드에 투자하라'고 유서에 명시했다는 내용이다.

베스트셀러 《머니》의 저자이며, 미국 유명 자산 컨설턴트인 토니 로빈스는 《흔들리지 않는 돈의 법칙》에서 부자로 살아갈 수 있는 핵심 투자원칙을 소개했다. 네 가지 원칙 중 '인덱스 펀드에 투자하라'고 강조한다. 또한, 월스트리트의 대표적 투자가 짐 로저스는 "나는 항상 ETF로 투자하며, 그건 매우 멋진 일이다."라고 ETF 투자의 중요성을 알리고 있다.

이처럼 투자의 거장들은 왜 인덱스 펀드(ETF) 투자를 예찬하는 것일까? 주식투자를 잘 모르는 사람도 과거 '차이나 펀드'를 들어본 적 있을 것이다. 한때 광풍이 불어 많은 투자가 이루어졌지만, 무리한 투자로 피해를 본 사례가 더 많았다. 우리가 흔히 아는 펀드는 주식 종목 10~20개를 묶은 '주식형 펀드'를 말한다. 반면 '인덱스 펀드'는 지수를 구성하는 업종에서 주식 종목 최소 10개부터 100개 이상 묶는 상품이다.

우리가 관심을 가질 단어인 ETF는 Exchange Traded Fund의 약자로 '상장 지수 펀드'라 불린다. 거래소(Exchange)에 상장되어 거래되는(Traded) 펀드(Fund)라는 뜻이다. '지수'는 업종이나 시장을 추종한다는 뜻이고, '펀드'는 10개 회사 이상으로 묶은 주식이라는 개념이다. 정리하면 ETF는 지수를 추종하는 인덱스 펀드의 한 종류로서, 주식처럼 거래하는 금융상품이다.

투자에 앞서 '주식형 펀드'와 '인덱스 펀드'가 만들어진 목적을 이해하는 것이 중요하다. 주식형 펀드는 시장 수익률을 초과하는 수익률을 목표로 하므로 '액티브 펀드'라 불린다. 인덱스 펀드는 추종하는 지수의 시장 평균 수익률을 따라가는 수익률을 목표로 해서 '패시브 펀드'라고 한다.

그럼 시장 수익률이란 무엇인가? 가령 KODEX 200 ETF는 2002년 10월 14일 상장된 대한민국 대표 주식이다. 삼성전자, SK하이닉스, LG에너지솔루션, POSCO, 네이버, 카카오 등 한국 주식시장을 대표하는 200개 종목으로 구성되었다. 상장 이후 330% 수익률을 보인다. 2002년 1억 원을 투자했다면 현재 4억 3천만 원이 되는 셈이다.

여기서 초보 투자자가 기억해야 하는 중요한 사실이 있다. 시장 평균 수익률을 이겨보겠다는 목표로 만든 '액티브 펀드' 수익률이 기대보다 저조했다는 결과다. '머리 아프게 이 종목 저 종목을 사고파는 것'보다 '가만히 앉아 시장에만 투자한 사람'이 시간이 흐를수록 수익률이 더 높았다.

즉 장기투자일수록 인덱스 펀드(ETF) 수익률이 액티브 펀드 수익률을 넘어선 것이다. 그렇다면 투자 기간이 길수록 인덱스 펀드(ETF)의 수익이 더 높아진 이유는 무엇일까? 강홍보 대표는 크게 두 가지로 정리한다.

첫째, 장기적으로 시장 평균에 수렴하는 수익률

'랜덤워크 이론'이란 주가 변동은 술 취한 사람의 걸음걸이처럼 매우 불규칙하기 때문에 주가는 예측할 수 없다는 것이다. 특정 종목에 집중투자해서 초과 수익을 올릴 수 있다고 주장하는 주식형 펀드는 일시적으로 시장을 이길 수 있지만, 장기적으로는 시장 평균에 수렴하게 된다.

시카고대학교의 유진 파머 교수는 "시장은 누구도 예측할 수 없다. 따라서 특정 종목에 집중해서 투자하는 것보다 시장 전체를 사는 것이 유리하다."라고 말했다. 가령 S&P500 ETF를 매수하면 미국 주식시장 전체를 사는 것과 같다.

둘째, 펀드 수익을 갉아먹는 펀드 운용비용

주식형 펀드의 비용은 연 1.5~3% 반면 ETF는 0.05~0.4%밖에 되지 않는다. 주식형 펀드와 인덱스 펀드의 수수료 차이는 약 1.5%이다. 1.5% 연 복리로 10년 누적되면 수익률이 14.3% 차이 난다. 20년이면 32.6%, 30년이면 54% 차이가 발생한다. 1억 원을 투자하면 30년 뒤 5,400만 원 수익 차이가 발생한다는 뜻이다.

투자의 거장들이 왜 인덱스 펀드(ETF) 투자를 강조하는지 이유를 이해할 수 있는가? 노후 빈곤율과 초고령 인구 증가율이 세계 최고 수준인 대한민국에서 비참한 노후를 맞이하지 않기 위한 투자 전략은 무엇일까? ETF 투자는 노후를 준비하는 투자 전략에 대한 현명한 해결책을 찾아가는 데 큰 디딤돌이 될 것이라 확신한다.

> 66
>
> **소심한 중년의 투자 명언**
>
> 인덱스 펀드(ETF) 투자는
> 장기적인 안정성과 수익성을 보장하는
> 현명한 투자 전략이다.
>
> 99

10.

배당주와 성장주를 결정하는 기준

대한민국은 스마트폰, 반도체, 조선 등 세계 1위를 여럿 보유한 자랑스러운 국가다. 하지만 불명예스럽게도 자살률 또한 세계 1위다. 노인 자살률도 성장세에 있다는 점은 안타까운 현실이다. 2022년도 통계청 자료에 의하면 65세 이상 인구가 901만 8,000명이라고 한다. 전체 인구의 5분의 1을 차지한다.

정부와 지자체, 기업 등 노인 문제를 심각하게 여기고 있다. 다양한 대책도 마련하고 있다. 하지만 급속하게 늘어가는 노인 인구를 대처하기엔 무리가 있어 보인다. 게다가 국민연금 고갈 소식까지 더해지면서 기본적인 노후 생활조차 불안하게 만들고 있다. 이런 상황에서 우리 개인들은 넋 놓고 구경만 할 것인가?

오래 사는 것은 누구나 꿈꾼다. 다만 어떻게 살아갈 것인가 고민되는 지점이다. 이 고민의 시작과 끝은 바로 '돈'이다. 경제적으로 여유로운 노인은 다가오는 여생을 즐기며 맞이하지만, 돈 없는 노인은 비참한 인생을 꾸역꾸역 살아가야 하기 때문이다. 돈 없이 오래 사는 것은 축복이 아닌 절망의 시간이다.

다가오는 미래를 황금빛으로 만드는 것보다 노후를 비참하지 않게 만드는 노력이 필요하다. 현실적인 노후 준비 방법은 무엇일까? 인플레이션으로 가진 돈이 점점 녹아내리지 않는 투자법을 찾는 것이 급선무다. 투자 전문가가 아니라면 소액 투자가 가능한 주식투자를 권한다. 그중에서도 한 회사의 주식을 사는 것보다 시장과 산업에 투자하는 ETF 투자를 추천한다.

다행스럽게도 최근 주식투자로 노후를 준비하는 인구가 늘고 있다. 어떤 주식에, 어떤 방식으로 투자할 것인가 공부하는 모습은 고무적이다. 대부분 무슨 주식을 사야 할까 늘 고민한다. 나도 주식투자 관련 유튜브 채널인 〈마인드TV〉를 운영하며 자주 듣는 질문은 '배당주와 성장주' 투자를 어떻게 선택할 것인가이다. 오늘은 이 이야기를 나누어본다.

배당주와 성장주

쉽게 말해 배당주는 주가의 시세차익보다 '꾸준한 배당금'을 받는 것이 목적인 상품이다. 마치 빌라나 오피스텔을 매입해서 가격 상승보다 매월 받는 '월세'에 집중하는 부동산 투자와 비슷하다. 매월 또는 분기별 배당을 받을 수 있어서 단기간에 수익을 만드는 장점이 있다.

반면 성장주는 배당금이 지급되지만, 배당주보다 금액이 훨씬 적다. 대신 적당한 기간을 투자하며 인내하면, 효과적인 시세차익을 노릴 수 있다. 투자 기간이 늘어날수록 수익창출 효과는 더 커진다. 배당금이 적어 세금을 적게 내는 장점이 있다. 다만 장기간 인내해야 한다는 점이 투자자에게 가장 큰 장벽이다. 오랫동안 투자를 이어가는 것이 생각보다 어렵기 때문이다.

배당주와 성장주를 선택하는 기준

그렇다면 배당주와 성장주를 선택하는 기준은 무엇일까? 바로 '현금흐름의 시점'이다. 조기 은퇴를 꿈꾸는 직장인은 특히 배당주에 관심이 많다. 월급 대신 배당금으로 생활해야 하기에, 어느 시점부터 생활비로 대체할 수 있는가는 중요한 기준이 된다. 그 현금 창출 시점과 원하는 생활비의 크기로부터 투자 기간과 투자금이 결정된다.

배당주 투자의 단점은 은행이자처럼 확정적으로 배당을 주지 않는다는 점이다. 배당을 주려면 반드시 회사가 수익을 발생시켜야 한다. 수익금 일부를 배당으로 지급하는 것이기 때문에 수익이 줄어든다면 지속적인 배당 지급에 문제가 생긴다. 그래서 회사 경영이 어려워지면 배당금이 줄어들게 된다.

나는 20년 투자를 목표로 한다. 당장 주식을 팔아 생활비로 사용할 계획이 없다. 당장 현금흐름이 중요하지 않다는 의미다. 그래서 배당주보다 성장주 투자에 집중한다. 노후에 주식을 팔아 생활비로 사용하는 투자 전략에서 가장 중요한 것은 '전체 자산의 크기'다.

20년 투자 후 노후자산이 10억이 되고 10% 수익금을 생활비로 사용한다면, 1억 원의 생활비를 사용할 수 있다. 매월 833만 원이다. 물가 상승을 고려하면, 현재가치로 583만 원 정도가 된다. 자산의 크기가 20억으로 늘어나면, 20년 후 매월 1,000만 원을 쓸 수 있다. 주식의 수익금을 생활비로 사용하려면, 전체 자산을 키우는 것이 그만큼 중요하다.

결론적으로 배당주와 성장주를 선택하는 기준은 '현금흐름'이다. 당장 매월 생활비를 마련해야 한다면, 배당주 투자 비율을 늘리면 된다. 반면 생활비가 급하지 않다면 성장주 투자 비율을 늘리는 것이 효과적이다. 현금흐름을 선택할까 아니면 자산의 크기를 선택할까? 적당한 현금흐름과 시세차익을 동시에 노린다면 반반 투자도 가능하다.

> ❝
>
> **소심한 중년의 투자 명언**
>
> 현금흐름의 시점을 고려해
> 배당주와 성장주를 선택하라.
>
> ❞

11

연금계좌와 ETF로 연금 부자 되세요

당신 통장에 10억 원이라는 돈이 있다면 기분이 어떨까? 당연히 기분 좋을 것이다. 《돈의 규칙》의 저자 신민철(처리형)은 '돈이란 구매력'이라고 말한다. 돈이 있으면 사고 싶은 물건과 맞바꿀 수 있기 때문이다. 그런데 단순히 통장에 돈이 있다고 부자가 되는 게 아니며, '구매력'이 쌓여야 부자가 되는 것이라고 말한다.

통장의 숫자가 아무리 불어나도 실제 구매력이 줄어든다면, 점점 더 가난해지고 있는 것과 같다. 아무리 열심히 저축해도 부자가 될 수 없는 진짜 이유다. 물가가 상승하면 화폐가치는 하락한다. 현재 10억 원이라는 돈은 10년 뒤, 20년 뒤 어떻게 될까? 물가 상승만큼 가치가 낮아진다. 쉽게 말하면 같은 돈으로 살 수 있는 구매력이 낮아진 셈이다.

아르헨티나의 경우 2021년에 비해 2022년의 물가가 113% 상승했다고 한다. 1만 원 하던 물건 값이 1년 사이 2만 원으로 뛴 것이다. "현금은 쓰레기다, 돈이 녹아내린다."라는 말이 나온 이유다. 결국 투자해야 돈의 구매력을 높일 수 있다. 투자는 필수인 시대다.

가난한 사람의 재산은 대부분 '현금(예·적금)'이다. 이렇게 돈이 쏠리니 은행은 망할 리 없다. 열심히 돈을 벌어 소비한 후 남은 돈을 성실하게 저축하지만, 그 저축은 인플레이션에 의해 녹아내린다. 반면 부자는 어떨까? 돈이 생기는 대로 부동산, 주식, 채권, 금, 암호화폐를 산다. 시간이 갈수록 가치가 올라가는 '자산'을 구매하는 것이다.

노후 준비는 주식으로

2023년 가장 좋은 수익률을 보인 ETF 종목은 KODEX 미국 FANG플러스, TIGER 미국테크TOP10, ACE 글로벌반도체TOP4 Plus 등이다. 빅테크와 반도체 관련 종목들로 2023년 80~90% 수익률을 보였다. 은행 이자와는 비교할 수 없는 큰 수익금을 투자자에게 안겨주었다.

단 하나의 주식 종목을 추천하라고 한다면 'TIGER 미국나스닥 100 ETF'를 추천할 것이다. 이 주식은 2010년 10월 18일 1만 원에 상장했다. 현재 주가는 112,160원으로 995% 수익을 보이고, 시가총액은 3조 원을 넘어섰다. 2010년에 1억 원을 투자했다면 현재 11억 2천만 원이 된다. 어떤 투자 상품이 이렇게 안정적으로 커다란 수익을 줄 수 있을까?

나스닥100은 미국 나스닥 시장 상위 100개 기업에 투자하기 때문에 안정성과 수익률, 두 마리 토끼를 모두 잡을 수 있는 종목이다. 장기투자와 노후 준비용으로 가장 적합한 주식투자 종목 중 하나다.

연금계좌 2개로 노후 준비를

노후 준비를 위해 다양한 방식으로 투자할 수 있다. 만약 주식으로 노후 준비를 한다면 연금계좌^(연금저축펀드) 2개를 만들면 좋다. 연금계좌는 모든 증권사에서 대면 또는 비대면으로 개설할 수 있다. 내 것과 배우자 것 또는 증권사를 달리해서 2개 개설한다.

왜 2개의 계좌가 필요할까? 만 55세 이후 연금개시 신청을 하면 더는 투자금을 추가로 입금할 수 없기 때문이다. 물론 기존에 투자한 돈은 연금을 받으면서도 그대로 투자가 계속된다. 연금을 받으면서도 투자를 이어갈 사람은 연금계좌를 하나 더 만들어 매월 투자를 이어갈 수 있다. 가령 56세 연금개시를 한 후, 다른 연금계좌에서 70세까지 일하며 투자를 지속한다는 의미다.

부자의 기준

당신이 생각하는 부자의 기준은 무엇인가? 사람마다 다르다. 5억 원이면 충분하다는 사람이 있고, 100억 원도 부족하다 여기는 사람도 있다. 난 그냥 부자보다 '연금 부자'를 꿈꾼다. 현재가치로 노후에 매월 300만 원 어떤가? 마르지 않는 샘을 갖는 것이다. 황금알을 낳는 오리를 키우는 것과 같다.

연금의 형태는 월세 받는 부동산 투자, 배당금 받는 배당주 투자, 가입 즉시 연금을 받는 일시납연금보험 등 다양하다. 상황과 성향에 맞게 선택하면 된다. 나는 나이가 들수록 골치 아픈 투자가 싫다. 그래서 여러 투자법 중 쉽고 편하고 간단한 방법을 늘 찾는다. 수익률보다 쉽고 편한 투자방법이 먼저다.

연금계좌에서 투자하면 좋은 점 3가지

일반 위탁계좌보다 연금계좌에서 투자하면 세 가지 장점이 있다. 첫 번째 장점은 세액공제다. 종합소득 4,000만 원 이하일 때 최대 16.5% 즉, 148만 5천 원을 공제받을 수 있다.

연금계좌에서 투자하면 두 번째 장점은 세금이연 효과다. 우리가 투자하는 TIGER 미국나스닥100은 국내에 상장된 미국 ETF다. 위탁계좌에서 1,000만 원 투자해서 1,000만 원 수익이 생기면 15.4% 소득세를 내야 한다. 연금계좌에서 투자하면 연금 받을 때 5.5% 연금소득세를 낸다. 세금을 나중으로 미룰 수 있고 또한 크게 줄일 수 있다.

세 번째 장점은 목돈으로 관리할 위험이 줄어든다는 것이다. 목돈은 늘 신경써야 한다. 관리해야 한다는 의미다. 자녀와 가족을 비롯한 주변 사람들이 항상 가만 놔두지 않는다. 여기저기 좋은 곳에 투자하라고 유혹한다.

목돈 대신 연금으로 생활하면 주변에서 대접받으며 편하게 지낼 수 있다. 가령 투자를 해서 모두 잃어도 다음 달 어김없이 연금이 통장에 들어온다. 정말 든든하다. 연금 받는 부모는 자녀도 손자도 모두 좋아한다. 밥 잘 사주고 용돈 두둑이 주는 부모이기에 오래 살수록 좋아한다.

타이밍이 아닌 타임

투자할 돈이 부족하다면 '시간'에 투자해야 한다. 복리의 마법을 이용하는 것이다. 워런 버핏의 순자산은 60세 이후 대부분 만들어졌다는 사실을 기억하자. 정리하자면 노후 준비를 위한 주식투자를 위해 연금계좌를 2개 만든다. 연간 1,800만 원까지 투자할 수 있다. 배우자의 계좌까지 합하면 1년에 3,600만 원까지 가능하다.

앞으로 국가 재정 상태는 나빠질 가능성이 크다. 당연히 국민연금도 줄어들 것이다. 경제활동을 하는 젊은 층은 줄고, 연금을 받는 노령 인구는 늘기 때문이다. 정부가 우리를 위해 노후를 책임져 주지 않는다면, 우리가 직접 준비해야 한다.

> **소심한 중년의 투자 명언**
>
> 연금계좌와 ETF 투자로
> 노후를 준비해 구매력을 지켜라.

제 3 장

인생을 바꾸는 투자 마인드

life-changing investment mindset

비참한 노후를 피하고자
반드시 알아야 할 세 가지

젊은 사람은 '이 나이에 벌써 노후 준비를 하는가? 당장 쓸 돈도 없다.'라며 노후 준비를 미룬다. 나이 든 사람은 '이 나이에 준비해서 무엇하는가?'라며 준비하지 않는다. 평균수명은 갈수록 길어지고 있다. 그만큼 노후 준비의 중요성은 커지고 있지만, 실제 행동하는 사람은 갈수록 적어진다.

60대라고 해도 절대 늦은 나이가 아니다. 90세까지 산다고 가정하면 아직 30년이나 남았다. 30년이란 기간은 내가 지금까지 일해온 시간과 맞먹는 기간이다. 그렇다면 60대가 노후 준비를 하는데 필요한 것은 무엇일까? 세 가지를 먼저 알아본다.

첫 번째, 건강관리

평균수명이 길어지고 있다는 사실은 기쁜 소식이다. 다만 건강하지 못한 채 오래 사는 것은 비극이다. '9988234'라는 말이 한때 유행이었다. 99세까지 팔팔하게 살다가 2~3일 앓고 죽는 건 모든 이의 바람일 것이다.

통계에 따르면 한국 남성보다 여성의 수명이 평균 6년 더 길다. 2020년 일본인구동태조사 자료에 따르면, 여성은 배우자가 있는 경우 최대 10년 이상 오래 살았다. 배우자가 있는 남성은 없는 남성보다 평균 14년, 최대 20년 더 오래 살았다. 내 건강관리도 중요하지만 배우자 건강관리도 그만큼 중요하다는 의미이다.

두 번째, 근로소득

60대는 적어도 10년 투자 기간을 유지할 수 있다. 요즘 70세 넘어서 일하는 사람이 정말 많다. 돈이 필요해서 일하기도 하지만, 건강이 허락하는 한 일하고 싶다는 사람도 많다. 일하는 사람이 비단 돈 없는 사람이라고 여긴다면 그것은 착각이다. 자산이 많더라도 가진 돈을 빼서 쓰기만 하면 결국에는 줄어들기 마련이다. 적은 돈이라도 벌면 자산관리 차원에서 부담을 덜 수 있다.

건강관리와 근로소득은 상관관계가 깊다. 건강해야 일할 수 있고, 적당한 일거리를 가지고 있는 사람은 건강할 확률이 높다. 오래도록 일하기 위해 건강관리를 하는 것이며, 일하고 있다는 것은 결국 건강하다는 방증이기도 하다.

물론 60대 이후에는 과도한 일은 피하는 것이 좋다. 건강관리 차원에서 적당히 일하고, 적당히 버는 근무조건이 필요하다. 어느 유튜브 영상에 따르면, 퇴직자가 가장 선호하는 일자리는 주 5일, 하루 5시간 이내, 그리고 100~150만 원 급여를 주는 곳이라고 한다.

세 번째, 자산관리

인플레이션을 이기지 못하면 내 자산은 시간이 갈수록 줄어든다. 예·적금이 자산관리 방법으로 적합하지 않은 이유다. 어렵게 모은 자산을 효율적으로 유지하기 위해서 투자를 해야 한다. 투자할 때 사람들이 가장 무서워하는 건 무엇일까? 투자금을 모두 날리는 것이다.

나는 노후 준비로 주식투자를 추천하고 있다. 주식 중에서 인덱스 펀드인 ETF를 추천한다. 인덱스 투자는 특정 회사 주식처럼 걱정할 필요가 없기 때문이다. 적게는 10개, 많게는 100개 기업을 소유하기 때문에 파산하는 경우가 드물다. 개별종목 투자는 어떤 기업이든 파산할 수 있지만, ETF는 모든 기업이 동시에 파산해야 투자금을 날리게 된다. 한 번에 돈을 날리는 경우가 발생하기 어렵다는 뜻이다.

주식투자로 노후 준비를 하는 데 가장 치명적인 상황은 무엇일까? 주가가 폭락할 때 주식을 파는 것이다. 주식 가격이 바닥일 때 이를 팔아서 생활비로 사용하는 경우다. 통계에 따르면 대폭락 이후 회복되는 기간은 평균 2년이다. 주가가 바닥인 2년 동안 버틸 자금을 예비비로 보유하면, 주식을 팔지 않아도 된다는 의미다.

망할 수 없는 투자방법은 계좌 3개를 관리하는 방법이다. 첫째, 주식투자 계좌는 ETF에 투자하는 돈을 관리하는 계좌다. 노후자산 대부분은 이곳에서 관리한다. 둘째, 예비비 계좌는 대폭락을 대비한 2년 치 생활비가 들어있다. 고금리 저축계좌에서 관리한다. 셋째, 생활비 계좌는 1년 생활비가 들어있는 통장으로 고금리 저축계좌에서 관리한다.

만약 주식투자로 수익이 발생하면, 예비비 통장과 생활비 통장은 정상적으로 운영된다. 생활비 통장에서 1년 치 생활비를 조금씩 빼서 사용하면 된다. 하지만 주식투자로 수익이 발생하지 않는 하락장의 경우, 예비비 통장의 돈을 생활비 통장으로 옮겨 사용한다. 2년을 버틴 후 시장이 회복하여 수익이 발생하면, 수익 일부를 예비비 통장으로 옮긴다.

노후 생활비는 노후자산이 유지되는 것이 중요하다. 자산의 크기는 수익금의 크기를 결정하기 때문이다. 원금이 줄어 자산의 크기가 줄면 그만큼 수익금이 줄게 되고 결국 생활비도 적어진다. 자산을 유지하기 위해 3개 통장을 활용하는 이유이다.

> **소심한 중년의 투자 명언**
>
> 건강관리, 근로소득, 자산관리가
> 비참한 노후를 피하는 세 가지 핵심이다.

챗GPT가 중요하게 생각하는
주식투자 마인드 3가지

요즘 가장 핫한 이슈를 꼽는다면 무엇일까? 그중 하나는 반드시 ChatGPT(챗GPT)가 될 것이다. 챗GPT에게 본인을 소개해 보라고 했더니 이렇게 답했다.

"챗GPT는 OpenAI에서 개발한 대규모 언어모델 중 하나로, 자연어 이해와 생성 분야에서 광범위하게 사용됩니다. 이 모델은 기계 학습 알고리즘을 사용하여 인터넷에서 수집한 많은 양의 텍스트 데이터를 학습하여, 인간과 대화를 하는 것처럼 자연스러운 대화를 생성할 수 있습니다."

챗GPT는 2022년 12월에 출시된 이후 사용자가 벌써 1억 명을 돌파했다. 국내 기업도 가만히 있지 않았다. 네이버는 '챗GPT' 대비 한국어를 6,500배 더 많이 학습한 초거대 인공지능(AI) 서비스 '하이퍼클로바X'를 2023년 8월 24일 출시했다. 일상에서 챗봇을 활용하는 시대가 도래했다는 의미다.

여기서 나는 칼럼니스트로서 챗GPT의 도움을 받아 글을 쓸 수 있을지 궁금했다. 이제부터는 내가 기획하고 질문한 후 챗GPT가 답변한 내용을 편집해서 작성한 글임을 밝힌다.

나는 가장 먼저 "주식 종목을 추천해줘."라고 요청했다.

챗GPT의 답변을 요약 정리하면 다음과 같다. "저는 인공지능 언어모델로서 개인의 투자목적, 투자 가능한 금액, 위험성 평가 등의 정보가 없으므로 주식 종목을 추천해 드리기는 어렵습니다. 또한 주식시장은 변동성이 높고 예측이 어려워서, 주식투자는 전문가의 조언을 받거나 충분한 정보를 수집하여 스스로 결정하는 것이 좋습니다."

질문이 포괄적이면 답변이 구체적이지 않았다. 좀 더 구체적으로 다시 질문했다.

"50세가 노후 준비를 위해 어떤 주식을 사면 좋을까?"라고 물으니, 챗GPT는 "첫 번째, 안정적인 대형주를 선택하는 것이 좋습니다. 대형주는 일반적으로 안정성이 높아 주식시장의 대표적인 지표인 KOSPI 지수와 상관관계가 높기 때문입니다. 또한 저평가된 대형주를 찾아 투자할 경우 장기적으로 수익을 창출할 수 있습니다.

두 번째, 안정적인 배당금을 지급하는 대형주를 선택하는 것도 좋은 전략입니다. 안정적인 배당금을 지급하는 기업은 보통 성장 가능성이 큰 기업이며, 주가 상승과 함께 장기적인 수익을 창출할 수 있습니다.

세 번째, 성장 가능성이 있는 중소형주를 선택하는 것도 좋은 전략입니다. 중소형주는 대형주보다 위험이 크지만, 적극적인 투자 전략을 적용할 경우 높은 수익을 기대할 수 있습니다. 또한 성장 가능성이 큰 중소형주를 찾아 투자할 경우 장기적인 성장과 함께 수익을 창출할 수 있습니다."라고 답했다.

챗GPT의 답변 중 특정 단어인 '저평가된 대형주'에 대해 다시 질문했다. "저평가된 대형주를 추천한다면?"이라고 물으니, 삼성전자(005930), SK하이닉스(000660), KT&G(033780) 세 회사의 이름과 추천하는 이유 그리고 종목 코드명까지 알려준다. 챗GPT를 좀 더 효과적으로 활용하는 방법은 질문의 꼬리를 물고 구체적으로 질문하는 것임을 알 수 있다.

본격적으로 마인드에 관한 질문도 해봤다. "주식투자 초보자가 가져야 할 3가지 마인드는 무엇인가?"라는 질문에 챗GPT는 다음과 같이 답했다.

첫째, 장기적인 시각으로 투자하기!

주식시장은 단기적으로는 예측하기 어렵고 변동성이 큽니다. 따라서 주식투자 초보자는 단기적인 수익에 초점을 맞추기보다는 장기적인 시각으로 투자를 해야 합니다. 일정 기간 이상을 예상하고 그동안의 흐름을 따라 투자하면 보다 안정적인 이익을 얻을 수 있습니다.

둘째, 적극적인 리서치와 학습!

주식시장에서 성공하려면 적극적인 리서치와 학습이 필요합니다. 기업의 재무제표, 경제지표, 업종 동향 등을 분석하여 종목을 선정하고, 주식시장의 기본 개념과 전략 등을 학습하여 효과적인 투자를 할 수 있습니다.

셋째, 감정 조절하기!

주식시장은 예측할 수 없는 변동성이 큰 시장입니다. 따라서 주식투자 초보자는 주식시장의 변동성에 대해 감정을 조절할 수 있어야 합니다. 급격한 하락세나 상승세에 대해 과도한 패닉 구매나 과도한 이익 실현을 하지 않도록 주의해야 합니다. 또한, 자신의 투자 전략에 따라 차분하게 투자를 계획하고 실행할 수 있어야 합니다."

챗GPT와 주식 관련 대화를 하면서 그럴듯한 답변에 조금 놀라왔다. 포괄적인 질문엔 답변도 두루뭉술하지만, 질문의 꼬리를 물고 다시 질문을 던지면, 점점 구체적인 답변을 얻을 수 있었다. 물론 모든 질문에 옳은 답을 내놓는 것은 아니었다. 전혀 잘못된 답을 하기도 한다. 결국, 질문하는 사람이 최소한의 사실 여부를 판단하는 능력이 필요함을 알 수 있다.

지식과 경험이 있는 분야의 전문가가 인공지능 기술을 비서로 활용한다면 업무 효율성이 더 높아질 것이다. 이런 기술은 시간이 흐를수록 발전할 것이다. 기술을 활용하는 사람과 그렇지 않은 사람은 다른 세상을 사는 것이다. 만약 누군가 이 글을 읽으며 챗GPT가 쓴 것과 내가 쓴 것을 어디까지 구분할 수 있을까 무척 궁금하다.

> **소심한 중년의 투자 명언**
>
> 챗GPT 왈, 투자에 성공하려면 장기적인 시각으로,
> 끊임없이 배우며, 감정을 조절하라.

마인드의 중요성을 말해도
여전히 종목을 묻는 당신에게

필자는 영상과 글을 통해 주식투자 마인드의 중요성을 알리고 있다. 〈마인드TV〉라는 유튜브 채널을 운영하면서 내 얼굴도 조금씩 알려지고 있다. 가끔 영상을 자주 시청하는 구독자를 만나기도 한다. 다만 마인드의 중요성을 이야기하고 있지만, 여전히 사람들은 어떤 주식에 투자해야 하는지 궁금해한다.

순 자산 1,000억 이상을 보유한 '세이노'라는 필명을 가진 자산가가 있다. 그가 카페에 올린 글이 유명해져서 그의 글을 제본해서 가진 사람, 강의 자료로 사용해서 돈 버는 사람 등 저자의 의도와 다르게 흘러갔던 모양이다. 결국, 저자가 직접 나서 《세이노의 가르침》이라는 책을 출간했다.

700쪽이 넘는 책이지만 종잇값으로 7,200원에 판다. 온라인 서점에서 구매하면 10% 할인된 6,480원에 구매할 수 있다. 돈과 투자 그리고 삶의 자세와 태도를 배우기 위해 반드시 읽어야 할 책이라고 생각한다.

그 책에서 저자는 이렇게 말한다. "나는 금융 지식이나 투자 지식을 전문적으로 갖춘 재테크 상담가 중 부자를 만난 적 없다. 돈을 운영하는 지식은 단순한 금융 지식이나 투자 지식이 아니기 때문이다. 그것은 쏟아지는 정보를 이용하여 돈의 흐름을 볼 줄 아는 눈이며, 인간 심리를 알고 문화를 이해하는 능력이며, 시장 경쟁의 치열함 속에서 승리하는 방법을 법의 테두리 안에서 모색하는 힘이다."

무슨 의미일까? 결국 마인드가 중요하다는 뜻이 아니겠는가! 주식투자를 공부하는 사람은 무슨 주식을 살까 고민하기보다 '왜 주식투자를 해야 하는지' 고민하는 것이 먼저다. 돈은 왜 벌어야 하는지, 돈을 버는 목적은 무엇인지 그리고 돈을 벌면 무엇을 하고 싶은지 등 자기 자신에 대해 사색하는 시간이 먼저다.

근본적인 심리문제의 원인

과거 개인 심리상담을 하면서 자주 느끼는 것은 사람들의 고민 거리 대부분이 돈으로 해결 가능한 문제라는 사실이다. 그들은 돈 문제가 아니라고 생각하지만, 돈이 있으면 쉽게 해결될 문제들이었 다. 현재 돈이 없으므로 돈이 있으면 해결될 것이라는 내 의견에 쉽 게 귀 기울이지 않았다. 게다가 심리상담가가 돈에 관하여 의견을 주는 것이 와닿지 않는다는 표정이다.

더 안타까운 것은 돈이 필요하다고 말하면서 부자를 혐오하는 사람들이다. 자신의 상황을 직시하지 못하고 있다. 한마디로 메타인 지 능력이 부족한 것이다. 여러 관점으로 세상을 보는 능력인 '메타 인지'가 부족하면, 주변 상황과 문제의 본질 그리고 실질적인 해결 방법을 알 수가 없다. 내 인식의 영역이 아니기 때문이다.

투자방식은 여러 가지가 있는데 개인적으로 부동산 투자를 선호 하지 않는다. 특히 갭투자는 누군가로부터 피눈물을 흘리게 할 수 있어서 거리를 두고 있다. 투자 공부를 조금만 해본 사람은 누구나 쉽게 말한다. 레버리지를 활용하는 것이 자본주의의 핵심이라고. 전 세 끼고 아파트를 매수하는 것은 레버리지 투자의 대표적인 사례가 된 지 오래다.

투자 공부를 하고 싶다면 주식투자를 먼저 추천한다. 부동산 투자는 큰돈이 묶일 가능성이 크기 때문이다. 종잣돈이 많지 않은 서민에게는 오히려 주식 투자가 적합하다. 다만 반드시 적은 금액으로 시작해야 한다. 첫 번째 이유는 자본주의 속성을 이해하기 위해 시간이 필요하기 때문이다. 두 번째 이유는 주식 투자가 만만한 게임이 아니라는 사실을 깨닫기 위함이다.

급할수록 돌아가라는 속담이 있듯, 높이 자라는 나무는 뿌리가 깊고 넓다는 자연의 이치를 알 듯, 부자가 되려면 시간이 필요하다. 그리고 부자가 되려면 좁은 문으로 가야 한다. 지금 당장 수익이 얼마인가 생각하지 말고 10년 후, 20년 후 미래를 내다보는 연습이 필요하다. 주식 종목과 수익을 좇는 대중을 외면하고 고독하고 외롭지만, 나만의 투자 길을 개척해야 한다.

> **소심한 중년의 투자 명언**
>
> 종목보다는 마인드를 갖추고,
> 나만의 투자 길을 꾸준히 개척하라.

성격을 알면 투자의 성공이 보인다

현대 경영학의 아버지라 불리는 피터 드러커는 "어제의 성공 요인이 오늘의 실패 요인이다."라고 말했다. '사장을 가르치는 사장'으로 불리는 김승호 회장은 2023년 출간한 《사장학개론》에서 "나의 꼼꼼함이 회사를 여기까지 키웠다면 나의 꼼꼼함이 회사를 망하게 할 수도 있다."라고 강조한다.

같은 원리로 나의 따뜻함, 나의 부지런함, 나의 철학, 나의 눈썰미, 나의 섬세함, 나의 카리스마, 그리고 나의 신념은 어떤 시기에는 나와 회사를 살리고, 어떤 시기에는 우리 모두를 죽일 수 있다는 뜻이다.

두 거장이 말하고자 하는 메시지는 무엇일까? 한마디로 절대적 가치는 없다는 의미가 아닐까. 모든 가치를 절대적 가치로 이해하지 말고, 언제나 변화를 받아들이고 이해해야 함을 뜻한다. 변화를 살펴려면 나를 중심으로, 상대방과 주변 상황을 모두 보는 능력이 필요하다.

'너 자신을 알라'라는 오랜 격언처럼 나 자신의 성격에 대해 관찰하고 이해하는 것이 시작이다. 성격의 중요성은 이미 오래전부터 강조되었다. 고대 그리스 철학자 헤라클레이토스는 "인간의 성격은 그의 운명이다."라고 말했을 정도다. '성격은 바뀌는가 바뀌지 않는가?'라는 오랜 논쟁도 사실 성격 탓이다. 과학적 근거보다 변화를 믿는 성격과 믿지 않는 성격의 충돌인 셈이다.

오늘의 주제로 들어가 보자. 과연 내 성격을 알면 투자의 성공이 보일까? 답은 뻔하다. 보인다! 그것도 아주 적나라하게 보인다! 내가 운영하는 칼럼의 제목이 '주식투자 마인드'인 이유다. 마인드는 성격과 마음을 포함하고 있기 때문이다. 주식투자 마인드 칼럼을 통해 이야기하고 싶은 핵심 주제는 '나를 알면 투자의 성공이 보인다'는 것이다.

성격과 투자방식의 연관성

성격과 투자방식의 연관성을 잘 정리해준 책으로 《머니패턴》이 있다. 이요셉, 김채송화 두 저자는 자신의 성격과 경험으로 굳어진 돈을 벌고 쓰는 습관, 즉 머니패턴을 진단하고 바꿔야 부자가 될 수 있다고 강조한다. 이 책에서는 부자의 머니패턴을 배울 수 있는 구체적인 지침을 담고 있다.

머니패턴은 내면에 숨겨진 무의식감정에 의해 크게 5가지로 구분되는 데 억울함, 외로움, 두려움, 열등감, 경쟁심이다. 무의식감정을 기반으로 성격유형이 형성되며, 이런 5가지 성격유형별 투자방식과 돈 버는 방식은 달라진다.

첫 번째, 팔랑귀형은 인간관계 때문에 돈이 술술 새어나가는 유형이다. 스킨십을 좋아하고, 새로운 것이 좋고 싫증 잘 내며, 인정해주는 사람 있으면 행복하다고 느끼는 사람이다. 팔랑귀형에게 전하는 한 줄 조언은 "정이 많은 당신, 숫자에 집중할 때 돈을 번다."이다.

두 번째, 질러형은 느낌이 오면 바로 행동에 옮기는 유형이다.

사람을 잘 믿으며, 돈을 주로 소비하는 데 쓰고, 일단 저지르고 보는 사람이다. 질러형에게 전하는 한 줄 조언은 "하고 싶은 게 너무 많은 당신, 신중함이 최고의 무기!"이다.

세 번째, 피해자형은 손안에 돈이 일단 들어오면 나가지 않는 유형이다. 하고 싶은 게 많고, 일할 때 행복하며, 무시 받는 감정이 종종 드는 사람이다. 피해자형에게 전하는 한 줄 조언은 "감사에 야박한 당신, 남 탓으로는 돈을 벌 수 없다."이다.

네 번째, 완벽형은 돈을 버는 것도, 쓰는 것도 무서워하는 유형이다. 새로운 사람을 만나는 게 부담스럽고, 돌다리도 두드려보는 성격이며, 돈이 있으면 저축하는 사람이다. 완벽형에게 전하는 한 줄 조언은 "너무 신중한 당신, 일단 행동해야 돈이 붙는다."

다섯 번째, 쟁취형은 돈에 대해서 겁이 없는 유형이다. 지기 싫어하고, 자신감이 있고 당당하며, 꼭 성공하고 싶어 하는 사람이다. 쟁취형에게 전하는 한 줄 조언은 "성취력이 강한 당신, 같이 벌자는 생각을 하라."이다.

투자 마인드를 강조하는 이유

나는 《나를 알면 세상이 보인다》에서 자기 이해와 자기 관찰의 중요성을 강조했다. 성격을 이해한다는 것은 자기 이해를 위한 필수 과정이다. 성격은 곧 생각이고, 생각은 신념이며, 신념은 머니패턴과 연결되기 때문이다. 투자의 성공은 방법이나 종목이 아니다. 운 좋게 큰돈을 만질 수 있지만, 돈에 대한 잘못된 신념은 돈을 모으고 관리할 수 없게 만든다.

돈에 대한, 부자에 대한 나의 신념이 걸림돌인 경우가 많다. 생각을 해보라. 내가 싫어하는 사람과 함께 있고 싶은가? 우린 본능적으로 좋아하는 사람과 함께하고 싶다. 돈의 속성도 마찬가지다. 수많은 부자가 부자 마인드를 강조하고 수많은 투자자가 투자 마인드를 강조하는 이유다.

요즘 날씨가 너무 좋다. 가족과 함께 나들이하며 재충전의 시간이 필요하다. 더불어 '우리가 투자하는 이유는 무엇일까? 부자가 되어야 하는 이유는 무엇일까?' 등 삶의 본질적 질문을 마음에 품고, 여유롭게 거닐며 사색하는 시간도 필요하다.

소심한 중년의 투자 명언

성격을 이해하고 투자 마인드를 갖추면,
성공의 길이 보인다.

05

주식투자 성공은
지식보다 기질이 좌우한다

세계적 베스트셀러인 《현명한 투자자》는 벤자민 그레이엄이 쓴 책이다. 그는 워런 버핏의 스승으로도 유명하다. 이 책은 실패하기 쉬운 투자방식에서 벗어나, 자신에게 잘 맞는 건전한 투자 전략을 수립하도록 안내한다. 특히 투자 심리에 관한 내용을 많이 다루고 있는데, 주식투자 성공의 가장 위험한 적은 바로 '자기 자신'이기 때문이다.

많은 전문가는 지식을 갖추는 것이 중요하다고 말한다. "재무제표를 봐야 한다, 주식 그래프를 분석할 수 있어야 한다, 주식시장과 경제 흐름을 알아야 한다." 등. 물론 지식을 많이 아는 것은 중요하다. 하지만 지식이 다소 부족해도 투자 기질을 갖추면 '평범한 사람들'이 돈을 훨씬 더 벌 수 있다.

로널드 리드와 리처드 퍼스콘

그중 로널드 리드는 많이 알려진 사례다. 백화점 청소부와 주유소 직원 등 평생 평범한 일을 했지만, 800만 달러(108억 4,400만 원)가 넘는 돈을 모았다. 그의 유언에 따라 의붓자식에게 200만 달러를, 지역 병원과 도서관에 600만 달러 이상을 기부했다.

로널드 리드가 죽기 몇 달 전, 뉴스에 등장한 또 다른 남자가 있었다. 바로 리처드 퍼스콘. 이 사람은 하버드 졸업 후 MBA 학위를 받았고, 세계적인 투자회사인 메릴린치에서 중역으로 일했다. 40인의 성공한 비즈니스맨으로 선정되기도 한 인물이므로 지식과 전문성에서 누구보다 앞선다. 하지만 그는 2008년 금융위기 때 파산했다.

이 두 사람의 사례를 보면, 투자 지식이 중요할까, 투자 기질이 중요할까? 주식투자 성공에서 지식보다 기질을 아는 것이 중요함을 의미한다. 새로운 변화를 좋아하는 성향은 주식투자에서도 그대로 드러난다. 새로운 종목이 나오면 관심이 가고, 사고파는 매매를 통해 역동적인 변화를 추구한다. 돈을 벌고 잃는 변화를 생동감으로 받아들인다. 상대적으로 가만히 있는 것을 싫어한다.

이런 성향은 장기투자보다 단기투자에 적합하고, 가치주보다는 테마주에 적합하다. 쉴새 없이 변하는 주식 차트를 주시하고 기회를 노린다. 하지만 성공하는 투자자는 단기보다 장기투자, 테마주보다는 성장주를 선택한 사람이 많다. 수많은 전설의 투자자들이 하나같이 강조하는 사실이다.

베스트셀러 《모든 주식을 소유하라》를 쓴 존 보글은 "수많은 투자자에게 가장 합리적인 주식투자법은 저비용 인덱스펀드에 투자하는 것"이라고 강조했다.

버크셔 해서웨이 주주총회에서 30세인 전업투자자가 "18개월분 생활비를 확보한 상태에서 100만 달러를 투자한다면 구체적으로 어떻게 투자해야 할까요?"라고 워런 버핏에게 질문한다. "모두 저비용 인덱스 펀드에 넣으세요. 나라면 인덱스 펀드에 묻어두고 일터로 돌아가겠습니다."라고 답했다.

똑똑한 사람 중 시장 평균 수익률보다 높은 수익을 추구하다가 실패하는 사람들이 많다. 노련하고 똑똑하고 경험 많은 펀드 매니저 중 85% 이상은 시장 평균 실적보다 낮은 수익을 달성했다는 사실을 기억해야 한다.

가치투자는 생각보다 단순하다. 우량 주식을 선택하고 꾸준히 보유하는 것이다. 사고파는 수익보다 보유해서 얻는 수익이 훨씬 크기 때문이다. 주식투자에 성공하려면 지식을 갖추는 것보다 자신의 투자 기질을 이해하는 것부터 시작하면 어떨까?

> **소심한 중년의 투자 명언**
>
> 주식투자의 성공은 지식보다
> 투자 기질을 이해하는 데 달려있다.

06.

종목이나 수익률보다
현명한 주식투자 마인드가 중요한 이유는?

2023년 10월 29일 자 세계일보 기사 중 '경제 사정 따라 국민연금 수령액 자동 조정?'이라는 제목이 눈에 띈다. 정부가 '자동안정화장치' 도입을 논의한다는 내용이다. 자동안정화장치란 경제 상황에 따라 보험료율이나 소득대체율을 자동으로 조정하는 규칙이다.

이 장치는 노령 인구와 경제 상황에 따른 불확실한 미래를 줄여주는 중요한 혁신 중 하나로 꼽힌다. 하지만 시민사회단체와 연금 전문가들은 이런 제도를 도입하면 연금액이 더 줄어들 것으로 우려하고 있다.

'더 내고 덜 받는다'라는 연금개혁의 기조는 계속 이어지고 있다. 공적연금, 퇴직연금 그리고 개인연금이라는 연금 3층 구조의 중요성은 더 커진다. 특히 개인연금이 더욱 중요하게 다가오며, 개인연금을 준비하는 방법 중 주식투자 활용법을 내가 강조하는 이유다.

인간 정신의 3단계

니체는 인간의 정신을 '낙타, 사자, 아이' 세 단계로 표현했다. 낙타는 강인한 정신의 단계, 사자는 자유로운 단계, 그리고 아이는 창조적 단계를 의미한다.

첫 번째 단계인 낙타는 삶의 짐을 지고 터벅터벅 사막을 건너간다. 낙타는 불평을 모른다. 무거운 짐을 지고 묵묵히 걷는다. 강한 인내심으로 살아가는 정신을 뜻한다. 낙타는 힘들다. 무거운 짐을 내려놓고 싶다. 하지만 짐을 내려놓지 못하게 하는 거대한 용이 나타난다.

거대한 용은 여러 의미를 내포한다. 사회 규범이나 가치로서 모두가 따라가는 거대한 흐름이다. 내가 어떠한 일을 시도하려고 할 때 '그것이 될 것 같냐?'라며 남들처럼 그냥 살라고 말하는 사람은 용과 같은 존재다. 이러한 용을 이기는 데 필요한 것은 '용기 있는 사자'다.

두 번째 단계는 사자다. 하지만 낙타에서 사자로 변신하는 과정은 쉽지 않다. 기존의 규범이나 가치에 반하는 행동이 필요하기 때문이다. 주식투자를 한다고 하면 주변 반응이 어떤가? 응원의 소리보다 하지 말라는 소리가 더 많이 들릴 것이다. 또한 "이렇게 하라, 저렇게 하라."는 요청하지 않은 조언도 많다.

사자는 부당하게 진 짐을 던져 버리고 그 짐을 강요한 자들을 향해 포효한다. 하지만 사자는 자신의 이상을 위해 싸우는 것이 아니다. 기존 질서에 반항하는 것이다. 용기 있는 사자라고 해도 자신만의 새로운 가치를 창조할 수는 없다. 그래서 니체는 어린아이가 되라고 말한다.

세 번째 단계는 어린아이다. 니체의 《차라투스트라는 이렇게 말했다》에서 "아이는 순진무구함이며 망각이고 새로운 출발과 놀이 스스로 도는 수레바퀴, 최초의 움직임이며 성스러운 긍정이 아닌가?"라고 말한다. 아이는 순진무구하며 어떠한 가치와 규범에 얽매이지 않는다.

아이들의 창조적 놀이

지난 주말 딸아이와 친구들이 집에서 놀았다. 그들이 다녀간 흔적이 거실에 고스란히 남았다. 장난감 활이 있지만, 과녁판을 잃어버렸다. 아이들은 10점, 9점 등 포스트잇을 이용해 과녁판을 만들고, 스스로 점수 체계를 만들어 놀이를 즐겼다. 아이들은 자기 욕망에 충실하며 자신만의 가치를 만들며 살아간다. 아이에게 삶은 창조적 놀이다.

아이들 놀이방식은 '현명한 주식투자 마인드' 메시지를 그대로 담고 있다. 기존 규범이나 가치 너머 자기만의 방식을 재정립하는 것이다. 주식투자도 마찬가지다. 시간이 걸리더라도 스스로 생각하고 판단하고 결정하는 힘을 길러 자기만의 투자철학을 갖추는 것이다.

투자 마인드는 투자철학인 셈이다. 또한, 철학은 사고방식이라 볼 수 있다. 주식투자를 대하는 사고방식, 마인드 그리고 철학은 기존의 규칙을 따라가는 정신(낙타)에서 벗어나, 자유로운 사고(사자)를 거쳐, 창조적 정신 단계(아이)에 이르는 것을 의미한다.

소심한 중년의 투자 명언

주식투자의 성공은 종목이나 수익률이 아니라,
자기만의 투자철학에서 비롯된다.

07.

본능과 심리를 이기는
행동원칙을 따른다

영화 〈기생충〉이 우리에게 던지는 메시지는 무엇일까? 〈기생충〉에는 '최고의 계획은 무계획이다'라는 유명한 대사가 나온다. 계획을 세워도 그 계획대로 되지 않는 것이 우리 삶이라는 말이다. 오히려 계획하지 않고 실행하는 것이 계획을 성공시킬 수 있다고도 한다.

올 11월 미국 대선을 앞두고 있고, 한국은 지난 4월 10일 총선을 치렀다. 주식시장은 선거, 금리 등 사회적 이슈의 영향을 받는다. 미국 금리가 앞으로 내려간다는 소식에 주식시장으로 뛰어드는 사람도 많다. 선거의 승리자가 누가 될지, 앞으로 금리가 어떨지 아무도 예측할 수 없다. 우리가 계획할 수 없는 영역이다. 계획할 수 있는 것은 '언제, 얼마만큼 주식을 매수할 것인가?'뿐이다.

주가가 오르면 주변에서 별 이야기가 없다. 하지만 주식 가격이 내려가면 말들이 많다. 특히 "왜 떨어지는 거냐?"라며 그 이유를 궁금해한다. 2차 전지 시장을 정확히 예측하며 유명해진 박순혁 이사는 배터리 아저씨로 불린다. 박 이사는 이렇게 말한다.

"2차전지 주가가 최근 많이 내려가니까 주변에서 왜 이렇게 떨어지는지 이유를 궁금해한다. 단순하다. 많이 올랐으니까 떨어지는 것이다. 주식이란 원래 그런 것이다. 오르면 떨어지고 다시 오르면 떨어지기를 반복한다."

내가 산 주식의 가격이 내려가면 두 가지 반응으로 나뉜다. 첫 번째는 "저렴할 때 더 사자."라며 기뻐하는 유형이다. 두 번째는 "계속 사도 될까?"라며 불안해하는 유형이다. 두 번째 유형은 아직 주식투자의 개념을 잘 이해하지 못하는 사람들의 대표적인 반응이다.

주식시장에 반응하는 투자자의 심리

보통 사람은 주가가 오를 때 매수하는 경향이 있다. 오르고 있어서 기분이 좋다. 앞으로 계속 오를 것만 같다. 그래서 또 매수한다. 일명 '불타기'라고 부른다. 반대로 하락하는 주식을 매수하는 것은 '떨어지는 칼날'을 잡는 심정과 같다고 한다. 그만큼 두렵고 무섭다. 하지만 시장에 대한 믿음이 있는 사람은 계속해서 주식을 모은다.

미국 시장은 연일 최고가를 갱신하고 있다. 자꾸 오르니까 주식을 사기가 부담스럽다고 한다. 반대로 2차 전지는 연일 하락 중이다. 계속 떨어질까 두려워, 이 또한 주식 사는 것이 부담스럽다고 말한다. 너무 올라도 사기 힘들고 너무 떨어져도 매수가 힘들다.

'군중심리'라고 한다. 군중의 무리 속에서 함께 행동하는 것이 편안하기 때문이다. 다른 사람들이 살 때 같이 사고, 남들 팔 때 같이 팔고 싶은 심정이다. 이들과 반대로 행동하는 것은 정말 힘들다. "아! 그 주식 코로나 때 살걸", "아! 작년에 투자했어야 했는데" 등 시간이 지나 후회한다. '언제' 사야 하는가보다 더 중요한 것은 '무엇'을 사야 하는가를 깨닫는 순간이다.

유튜브 영상을 보면 "이 주식이 좋다. 저 주식이 좋다."라며 설명을 해준다. 시청자를 위해 정보를 요약·정리해주는 영상이라 감사한 마음이 든다. 시간과 노력을 절약해주기 때문이다. 하지만 이들이 제공하는 정보를 모두 신뢰할 수 있는가? 결국, 모든 선택과 판단의 몫은 우리에게 달렸다.

아직 어떤 주식이 나에게 적합한지 모를 때는 우선 마음에 드는 것부터 시작한다. 확신이 생기기 전까지는 조금씩 매수하는 전략이다. 주식을 사지 않고 바라만 보는 것으로 시장 흐름을 파악하기 어렵다. 더불어 주식을 공부하기 어렵다. 돈과 시간을 들여 작은 성의를 보여야 주식이란 녀석도 빼꼼히 나에게 관심을 보인다.

행동원칙의 중요성

어느 전문가는 '행동원칙'을 정해서 투자하라고 이야기한다. 투자시장에서는 군중심리를 비롯한 심리가 무척 크게 작용한다. 내가 그렇게 하지 않으려 해도 본능적으로 발동하는 것이 심리이기 때문이다. 이런 심리를 내 의지만으로 제어하기는 어렵다. 본능을 이기는 방법은 '반복적 행동을 통해 습관화하는 것'이다. 머리보다 행동이 먼저인 셈이다.

앞서 우리가 계획할 수 있는 것은 '언제, 얼마만큼 주식을 매수할지 정하는 것'이란 말로 되돌아온다. 그리고 '언제'보다 '무엇'이 우선이다. 어떤 주식을 매수할 것인가? 실패하지 않는 주식투자 방법은 세계 1등 기업에 투자하는 것이며, 이보다 더 좋은 방법은 누가 1등이 되든 상관없는 ETF에 투자하는 방식이다.

'매그니피센트 7'이라는 신조어가 등장했다. 2023년 상반기 챗 GPT를 중심으로 인공지능 기술이 세상을 이끌고 있다. 인공지능 상용화의 수혜를 입으며 S&P500 지수의 상승을 리드하는 미국 내 일곱 개 빅테크 기업을 묶어서 '매그니피센트 7'이라 부른다. 뱅크 오브 아메리카의 애널리스트 마이클 하트넷이 작명했다.

M7 혹은 S&P 7이라 불리는 '매그니피센트 7'은 애플, 마이크로소프트, 알파벳(구글), 아마존, 엔비디아, 테슬라, 메타(페이스북)로 구성된다. 2023년 상반기 S&P500 수익률은 16%에 이르렀다. 하지만 시장 전체가 좋아졌다는 의미는 아니다. 7개 기업의 주식을 제외한 S&P500 내 대부분 종목은 2023년 수익률이 저조했다. 200개에 가까운 종목은 마이너스 수익이었기 때문이다.

좋은 성과를 보인 매그니피센트 7으로 인한 착시현상이라고 말할 수 있다. 2023년 상반기 수익률을 살펴보면, 애플 55%, 마이크로소프트 42%, 알파벳 35%, 아마존 52%, 엔비디아 196%, 테슬라 142%, 메타 130%이다. 미국시장이 좋아졌다기보다 이들 기업의 성장이 두드러졌다고 봐야 한다.

개인 투자자가 7개 기업의 주식을 매수하는 것도 좋은 방법이지만, 시간이 흐르면 세계 1등 기업도 수차례 바뀐다. 우린 어느 기업이 1등이 되든 상관없이 1등 기업에만 투자하면 된다. 가령 'TIGER 미국테크TOP10 ETF'는 빅테크 기업 중 1위부터 10위까지 기업을 골라 투자하는 방식이다. 앞서 언급한 매그니피센트 7을 모두 포함한 주식이다.

이런 주식을 골라 매월 정액적립식 투자를 한다면 적금 수익의 몇 배를 예상할 수 있다. 이 주식은 언제 사야 하는지 고민을 해결해준다. 매출과 수익을 발생시키는 기업은 계속 성장하고, 기업 성장은 시장 성장을 이끈다. 자연스레 주식 가치도 성장할 것이다.

전체적인 흐름이 이해된다면 1주 매수해 보자. 돈을 쓰기 시작하면 관심이 생기고, 관심 있게 바라보면 이해되기 시작한다. 반복적 행동을 통해 습관이 되면 애정이 싹틀 것이다. 그때는 과거와는 전혀 다른 세상이 펼쳐진다.

> **소심한 중년의 투자 명언**
>
> 본능과 심리를 이기는 행동원칙을 세우고,
> 세계 1등 기업에 꾸준히 투자하라.

08.

투자의 스승 찰리 멍거에게 배우는

성공적 주식투자 전략

수많은 투자자의 스승이었던 찰리 멍거가 2023년 11월 28일 향년 99세로 생을 마감했다. 찰리 멍거는 버크셔 해서웨이 부회장으로 워런 버핏과 함께 회사를 이끈 장본인이다. 사망 당시 그의 자산은 한화로 약 3조 3,514억 원이었다.

찰리 멍거는 투자와 인생 관련해서 수많은 명언을 남긴 것으로 유명하다. 대표적인 명언을 소개하면 다음과 같다. 천천히 곱씹어보면 투자자로서 좋은 인사이트를 얻을 수 있다.

"평생 책을 읽지 않는데도 현명한 사람을 단 한 명도 본 적이 없다. 워런이 얼마나 많은 책을 읽는지 그리고 내가 얼마나 많은 책을 읽는지 알면 놀랄 것이다. 우리 집 아이들은 나를 '다리가 있는 책'이라고 생각한다."

"한 세기에 두세 번씩 찾아보는 50%의 시장 가격 하락에 평정심을 가지고 대응하지 않는다면, 당신은 주주가 될 자격이 없으며 평범한 결과만 얻을 자격이 있다."

"성공하려면 아주 간단하다. 수입보다 지출을 줄이면 된다. 현명하게 투자하고 독이 되는 사람과 독이 되는 활동을 피하고, 평생 배움의 끈을 놓지 말아야 한다. 그리고 그런 삶을 선호하며 만족을 미루는 일을 많이 하라. 이 모든 일을 한다면 거의 확실하게 성공할 수 있다. 그렇지 않다면 많은 행운이 필요할 것이다."

"좋은 기업을 좋은 가격에 사들이는 것은 잇어버려라. 대신 좋은 기업을 공정한 가격에 사들여라."

이번 글에서는 찰리 멍거의 두 가지 사고방식을 통해 투자자로서 인사이트를 배워본다.

첫 번째, 그의 성공 비결은 '뒤집어서 생각하는 습관'이다. 그가 공군 장교로 복무할 때 기상 관측 업무를 맡았다고 한다. 그는 이 일을 잘하기 위해서 딱 한 가지 질문을 스스로 던졌다. "어떻게 하면 조종사들을 죽일 수 있을까?"

대부분 사람이 생각하는 방식과 반대로 생각한 것이다. 조종사를 죽이는 방법을 안다면, 피하는 방법을 알 수 있기 때문이다. 계속 뒤집어서 생각했고 정말 중요한 2가지 요인을 발견한다. 이 두 가지는 조종사를 무조건 죽이게 된다.

첫째는 비행기를 제대로 녹이지 않고 꽁꽁 언 상태로 두는 것이고, 둘째는 기체 관리를 제대로 안 해서 기름이 부족하게 만드는 것이다.

그래서 그는 이 두 가지 일이 절대 일어나지 않도록 최선을 다했다. 만약 찰리 멍거와 같은 사람이 코비 브라이언트 옆에 있었다면 코비는 지금도 우리 곁에서 멋진 플레이를 보여줬을 것이다. 세계적인 농구선수였던 코비는 안타깝게도 2020년 헬기 사고로 세상을 떠났다.

두 번째, 성공 비결은 '3번 생각하는 습관'이다. 찰리 멍거는 대학 시절 ROTC였는데 포탄을 쏠 때, 길게 한 번 쏘고, 짧게 한 번 쏘고, 그다음에 제대로 쏜다는 것을 배웠다. 이 방식으로 사고하는 것이다. 무언가를 결정할 때 길게 한 번 보고, 짧게 한 번 보고, 그다음에 제대로 결정하는 것이다.

투자에 적용하는 두 가지 생각 습관

이 두 가지 생각하는 습관은 투자에도 적용될 수 있다. 뒤집어서 생각하는 방식을 투자에 적용하면 "어떻게 하면 많은 돈을 벌까?" 질문 대신 "어떻게 하면 투자한 돈을 잃게 되는가?"라는 질문에 답을 찾는 것이다. 비쌀 때 사서 쌀 때 판다면 돈을 잃게 된다. '쌀 때 사서 비쌀 때 판다'는 기존 공식을 반대로 한 것이기 때문이다.

그렇다면 주식이 싼지 비싼지 어떻게 알 수 있을까? 내가 투자하는 종목의 '현재가치'를 아는 것에서 출발한다. 과거 주가 흐름을 바탕으로, 현재 어떻게 움직이는지 긴 시간을 지켜봐야 파악할 수 있다. 괜찮은 종목이라 판단된다면, 월 적립식 투자를 하면서 주가 흐름을 지켜보는 인내심이 필요하다.

동시에 10년 후 미래를 내다보고, 현재 상황을 살핀다. 시장 전체를 보기도 하고, 해당 주식의 산업도 관찰하며 숲과 나무를 동시에 바라보는 것이다. 또한 현재 수익과 미래 수익을 살피는 과정이기도 하다.

워런 버핏은 투자의 제1원칙으로 '돈을 잃지 않는 것'이라 말했다. 투자의 제2원칙은 무엇일까? '투자의 제1원칙을 지키는 것'이라 말한다. 최고의 투자자인 그는 최고의 수익을 내는 방법을 고민하지 않았다. 그저 자신이 투자한 돈을 잃지 않으려면 어떻게 투자할 것인가 고민한 것이다.

정리하면 개미투자자는 찰리 멍거와 워런 버핏의 이런 사고습관을 배워야 하지 않을까. 얼마나 투자 수익을 낼 것인가보다 중요한 것은 '투자철학'을 갖는 것이다. 빼어난 종목을 고르는 것도 중요하지만, 긴 시간 보유하는 마인드도 중요하다. 평소 평정심으로 주가의 가치를 판단하는 통찰도 필요하다. 결국, 투자의 성공을 위해서 '지식이나 기술'보다 '태도와 자세'가 더 요구된다.

소심한 중년의 투자 명언

주식투자의 성공은 지식과 기술이 아니라
태도와 자세에서 비롯된다.

09

워런 버핏 투자방법,
결국 이기는 두 가지 투자철학

2023년 4월 4일 포브스가 발표한 세계 억만장자 보고서에서 베르나르 아르노 LVMH 회장이 세계 부자 순위 1위를 차지했다. LVMH는 세계 최대 고가 패션 브랜드인 루이뷔통, 크리스티앙 디오르 등을 보유한 패션 그룹으로 아르노 회장의 재산은 2023년 8월 10일 기준 2,110억 달러(한화 약 280조 원)를 기록했다.

2위는 테슬라 CEO 일론 머스크로 1,800억 달러(약 240조 원), 3위는 아마존 설립자 제프 베이조스로 1,140억 달러, 4위는 래리 엘리슨 오라클 회장으로 1,070억 달러 그리고 오늘의 주인공인 '투자의 귀재' 워런 버핏 버크셔해서웨이 회장은 5위로 1,060억 달러(약 141조 6천억 원)

의 자산을 보유하고 있다.

투자 전문가에 따르면 워런 버핏은 지난 40년간 상위 30% 이상
의 수익을 내지 못했다고 한다. 단기적으로 워런 버핏보다 높은 수
익으로 돈을 번 사람이 훨씬 많았다는 뜻이다. 대한민국에서만 봐도
수백만 명 될 것이다. 하지만 억만장자 보고서에 고수익을 기록한
그들의 이름이 없는 이유는 무엇일까?

워런 버핏에게 배우는 첫 번째 투자철학

워런 버핏에게 배우는 투자철학 첫 번째는 수익률이 얼마인가
보다 '지속해서 통제 가능한 수익률'이다. 우리 투자자들이 고민할
지점은 더 높은 수익률이 아니라 꾸준하고 안정적인 수익을 어떻게
만들 것인가이다. 고수익을 안겨줄 종목을 쫓는 불나방이 되어선 안
된다. 물론 잃어도 되는 여유자금이라면 괜찮다.

지난 100년간 살아남은 기업은 단 5%가 안 된다. 주식투자에서
특정 기업에 투자하는 것이 얼마나 위험성이 큰지 짐작할 수 있다.
전업투자자가 아닌 이상 살아남을 기업을 찾기는 쉽지 않다. 찾아도

얼마나 지속할지 보장하기 어렵다. 그래서 개미투자자는 한 회사 주식보다 시장과 섹터에 투자하는 ETF를 투자대상으로 삼는 것이 현명하다.

워런 버핏에게 배우는 두 번째 투자철학

워런 버핏에게 배우는 투자철학 두 번째는 타이밍이 아니라 '타임'에 투자하는 것이다. 그는 11세부터 투자를 시작했지만, 현재 자산의 90%는 65세 이후 형성되었다고 한다. 연 수익률 12% 가정 시 10만 달러를 투자하면 10년 후 21만 584달러가 된다. 20년 후 86만 4,627달러가 되고, 30년 지나면 289만 5,970달러로 훌쩍 늘어난다. 복리의 마법 때문이다.

많은 사람이 워런 버핏이 투자하는 종목에 관심이 많다. 그가 사는 주식이 무엇일까 그리고 그가 파는 주식은 또 무엇인가 예의주시한다. 하지만 왜 사고파는지에 대해 깊게 고민하지 않는다. 결과는 있고 과정은 없는 셈이다.

베스트셀러 《돈의 심리학》의 저자 모건 하우절은 "워런 버핏이 부를 쌓은 과정을 다룬 책은 2,000권이 넘는다. 그중 다수가 훌륭한 책이다. 그러나 가장 간단한 사실에 주목한 책은 거의 없다. 버핏이 그렇게 큰 재산을 모은 것은 그가 그냥 훌륭한 투자자여서가 아니라, 말 그대로 어릴 때부터 훌륭한 투자자였기 때문이라는 사실 말이다."라고 말한다.

워런 버핏의 투자철학으로부터 배운 결론은 무엇인가? 지속 가능한 수익률을 가진 주식(ETF)에 10년 이상 장기투자하는 방법이다. 여기에 한 가지 덧붙이면, 스트레스 덜 받는 '월 적립식 투자방법'이다. 언제 살까 고민하지 말고, 정해진 날 정해진 금액을 매수하면 된다. 수익을 더 높이고 싶다면 일반 위탁계좌보다 연금계좌(연금저축펀드)에서 투자하라.

이런 투자원칙을 세운다면 한 달에 투자하는 시간은 고작 10분 남짓이다. 정해진 ETF를 정해진 금액만큼 매수하면 끝이다. 별다른 투자 공부를 더 할 필요가 없다. 나머지 시간에 자신의 몸값을 높이는 자기 계발을 하고, 가족과 함께 즐겁게 지내는 것이다. 이보다 더 현명한 주식투자 방법이 있을까?

> **소심한 중년의 투자 명언**
>
> 지속 가능한 수익률과 장기 투자가
> 성공적인 주식투자의 핵심이다.

10

성공적인 노후 준비를 위해
무엇보다 중요한 투자역량은?

유튜브 시장이 생긴 이후 유익한 무료 영상이 많아진다. 과거 돈 내고 들어야 하는 강의를 집에서 무료로 시청할 수 있다. 부동산 유튜브 채널 중 38만 1천 명의 구독자를 가진 '푸릉_렘군'이 있다. 여기도 좋은 정보를 주는 채널 중 하나다.

이 채널에서 '자본주의 시장에서 돈이 쌓이는 구조'를 설명하는 강의를 들었다. 보통 사람은 수입이 생기면 먼저 지출을 하고 남은 돈 즉, 잉여자금을 저축한다. 선 지출 후 저축 구조는 불안하고 위태로운 돈이라고 말한다. 우선 쓰고 남은 돈으로 투자하기 때문이다.

성공적으로 돈이 쌓이려면 어떻게 해야 할까? 수입이 발생하면 우선 저축을 하고, 남은 돈에서 지출을 해야 한다. 선 저축은 안전한 돈으로 투자하는 구조를 만들어 준다. 이런 안전한 돈이 쌓여 목돈이 되고, 그 목돈을 안전한 자산으로 옮기는 구조를 강조한다.

저축의 진짜 개념

저축의 개념은 안전한 자산으로 바꾸는 과정일 뿐이다. 부동산 투자자는 저축과 투자가 분리되어 있지만, 나와 같은 주식투자자는 저축과 투자가 하나로 연결되어 있다. 매월 적금 넣듯 적립식으로 주식에 투자하기 때문이다.

정리하자면, 수입이 생기면 우선 정해진 금액만큼 주식을 매수한다. '선 저축' 개념이다. 그리고 남은 돈에 맞게 생활하는 것이다. 만약 생활비를 쓰고 남는 돈은 어떻게 할까? 당연히 투자해야 한다.

성공적으로 돈을 모으기 위해서 가장 필요한 것은 '선 투자^(저축)'이다. 그다음은 투자금액을 늘리는 것이다. 투자금액을 늘리는 방법은 무엇일까? 두 가지 방법이 있는데 첫째, 수입을 늘리는 것이고, 둘째, 지출을 줄이는 것이다. 어떤 방법이 더 좋을까? 둘 다 좋다.

두 가지 방법을 동시에 하는 것이 가장 좋다.

부동산 전문가 렘군은 "좋은 투자란 시간에 묻어두는 투자다."라고 강조한다. 시간에 묻는다는 것은 두 가지 의미가 있다. 첫 번째는 좋은 주식을 오래 보유하는 것을 의미한다. 두 번째는 시간에 투자하면 타이밍이 중요하지 않다. 즉 주식을 '언제' 사야 하는가보다 '어느 기간 동안' 보유하는가로 관점이 바뀌는 것이다.

투자역량의 의미

이제 오늘의 주제로 넘어갈 차례다. 투자역량에 대해 생각해 볼 시간이다. 노후 준비 성공을 위해 무엇보다 중요한 투자역량은 무엇일까? '시간에 묻어두는 투자가 좋은 투자다'라는 말에서 힌트를 얻을 수 있다. 오래 보유할 가치 있는 주식을 볼 수 있는 눈을 갖는 것이 투자역량이다.

스스로 투자역량을 갖추고 있는지 판단하는 방법은 첫째는 가치가 있는 주식을 알아볼 수 있는 눈이다. 둘째는 그 주식을 매수하는 능력이라고 정리할 수 있다. 이런 투자역량을 기르는 방법은 무엇일까?

'투자 근력'이라는 단어를 종종 사용한다. 헬스장에서 꾸준한 운동을 통해 근육을 만드는 과정과 같다. 투자역량을 갖추기 위해서는 꾸준히 운동하듯 꾸준히 투자 경험을 쌓는 것이다. 그래서 매월 정액적립식 투자방법을 추천하는 것이다.

성공적인 주식투자 방법을 정리해본다.

첫째, 선 저축으로 투자금을 마련한다. 선 저축을 늘리기 위해서는 수입은 늘리고 지출은 줄인다.

둘째, 안전한 자산으로 바꾼다. 주식투자의 경우 초우량 ETF(미국 S&P500, 미국나스닥100 등)에 투자한다.

셋째, 장기간 보유한다. 시간에 투자하면 타이밍이 중요하지 않다. 매월 적립식 투자방법을 추천한다.

> ❝
>
> **소심한 중년의 투자 명언**
>
> 성공적인 노후 준비는
> 꾸준한 투자와 장기 보유로 이루어진다.
>
> ❞

11.

3가지 투자방법으로
노후자산 만드는 비결

몇 년 만에 수십억 원의 자산을 벌었다는 소식을 쉽게 마주한다. 다양한 매체를 통해 누구는 부동산 투자로, 누구는 주식으로, 또 다른 이는 코인 투자로 돈을 벌었다고 전한다. 어떤 이는 그 소식에 열광하고, 또 어떤 이는 절망한다.

《더 늦기 전에 당신이 자본주의를 제대로 알면 좋겠습니다》의 이희대 작가는 "성공 방정식, 탑 시크릿을 알려준다 해도 따라 할 수 있는 사람과 없는 사람이 있듯, 모두가 같은 방법으로 성공할 수는 없는 노릇이다. 결국 부를 이루기 위해서는 각자의 능력과 상황을 냉정하게 판단하고 자기만의 방법과 경로를 설정해 달성하는 것

말고는 방법이 없다."라고 말한다.

'노후 준비를 어떻게 하고 있는가?'라고 물으면 제각각 답을 한다. 젊어서부터 투자를 공부한 사람은 여유 있게 준비하고 있지만, 투자를 모르는 사람은 퇴직을 앞둘수록 불안을 느낀다. 더 늦기 전에 현실을 직시하고 해결책을 마련해야 한다.

과거 노후 재무설계는 '10억 원 만들기, 20억 원 만들기' 등 거액을 준비하는 자산 중심 방식이었다. 너무 큰 금액 앞에 준비할 의지가 꺾여버려 무작정 미루거나 아예 포기하기 일쑤다. 하지만 매달 안정적인 현금흐름을 만드는 방식을 따르면 돈 걱정 없는 은퇴 준비가 가능하다.

신한은행에서 발행한 '2022년 보고서'에 따르면 50대 직장인이 생각하는 적정 노후 생활비는 월 200~300만 원이 44%, 월 300만 원 이상은 43%다. 10명 중 9명 정도 월 200만 원 이상 필요하다고 응답하였다. 또한, 적정 노후자산은 10명 중 7명이 5억 원 이상 필요하다고 응답했다.

노후 준비가 더 어려워진 이유

과거와 비교해 노후를 준비하는 상황이 어려워진 이유는 무엇일까? 단순히 수명 연장 때문만은 아니다. 첫 번째는 과거보다 취업 시기가 늦어졌기 때문이다. 대학 졸업 후 대부분 취업하던 과거와 달리, 요즘은 취업용 스펙을 마련하거나 학자금과 생활비를 마련하느라 졸업 시기가 늦어지고 있다. 졸업이 늦어지는 만큼 취업 시기가 늦춰지는 것이다.

두 번째는 퇴직 시기가 앞당겨지고 있기 때문이다. 2021년 통계청 자료에 따르면 정년퇴직은 9.6%에 그쳤다. 그런데 명예퇴직, 정리해고, 건강문제로 인한 조기퇴직 비율은 75%에 다다른다. 비자발적 퇴직 비율이 매우 높다. 또한, 2021년 5월 기준, 55~64세의 평균 퇴직연령은 49.3세다. 법정 정년인 60세에 훨씬 못 미치는 나이에 회사를 떠나고 있다.

세 번째는 평균수명이 길어지고 있기 때문이다. 취업은 늦어지고, 퇴직은 빨라지면서 돈 버는 기간은 짧아졌다. 반면 의료기술 발달로 인하여 평균수명은 길어졌다. '돈 버는 기간'보다 '돈 쓰는 기간'이 훨씬 길어지고 있는 셈이다. 게다가 연금수령도 늦어지고 있으니 총체적 난국이라 말할 수 있다.

5억 원 이상 노후자산을 확보하는 것은 직장인에게 불가능에 가깝지만, 월 200만 원 이상 만드는 방법은 좀 더 현실적이다. 은퇴재무설계 분야 일타강사인 이천 대표의 베스트셀러《내 은퇴통장 사용설명서》에서 구체적인 방법을 일러주고 있다.

첫째, 국민연금을 적극적으로 활용해야 한다. 국민연금은 현재 가장 좋은 연금제도이다. 국민연금이 일반 사기업의 개인연금보다 좋은 점은 크게 두 가지다. 하나는 우리가 낸 금액보다 훨씬 많은 연금을 사망할 때까지 받을 수 있다는 점이다.

가령 30세 직장인이 개인연금에 가입해 20년간 월 243,000원을 내고 65세부터 연금을 사망 전까지 받는다면 환급률은 160%이다. 낸 돈보다 2.6배 더 받는다는 의미다. 만약 국민연금으로 가입한 후 같은 조건으로 사망 전까지 연금을 받는다면 환급률은 225%이다. 낸 돈보다 3.2배 더 받는다는 결과다.

또 다른 장점은 물가 상승에 따른 화폐가치 하락을 보존해준다. 가령 66세 물가변동률이 2%라고 가정하면 100만 원은 98만 원으로 가치가 하락한다. 67세 물가변동률이 3%라면 100만 원은 95만 원으로 하락한다. 물가상승률을 반영하지 않는 개인연금은 시간이 흐를수록 줄어들 수밖에 없다.

둘째, 퇴직연금을 이해하고 활용해야 한다. 퇴직연금은 기업이 퇴직금을 운용하는 DB형과 근로자가 직접 운용하는 DC형으로 나뉜다. 퇴직연금의 핵심은 단순하게 세금과 수익률이라고 볼 수 있다. 퇴직금에서 떼는 퇴직소득세 절세 방법을 연구하는 것과 근로자가 직접 운용하는 방식을 어느 시점부터 활용할 것인가 정하여 수익률을 극대화해야 한다.

셋째, 개인연금을 활용하는 것이다. 이천 대표는 국민연금이 은퇴 생활의 기반이고 퇴직연금이 기둥이며 개인연금은 지붕이라고 표현한다. 은퇴 후 여유 있는 삶은 개인연금에서 비롯된다. 퇴직을 앞둔 사람은 연금보험은 가입하지 말아야 한다. 높은 사업비 때문에 연금으로서 효과를 발휘하려면 10년 이상 걸리기 때문이다.

개인연금에 가장 효과적인 상품은 연금저축펀드 계좌와 IRP 계좌이다. 연금저축펀드는 연금상품의 하나인데 펀드 상품으로 오해하는 경우가 많다. 연금저축펀드 계좌에서 다양한 국내 주식과 ETF

등 금융상품에 투자할 수 있다. 5년 이상 가입하고 55세 이후 연금을 받는다는 두 가지 조건을 만족하면 된다.

연금저축펀드(연금계좌)는 3가지 장점이 있다. 소득이 발생하는 사람은 소득공제 혜택을 받을 수 있고, 은행이자보다 훨씬 높은 수익률의 상품에 투자할 수 있으며, 낮은 세율의 연금소득세 3.3~5.5%만 내면 된다.

결론적으로 하루라도 빨리 국민연금과 같은 공적연금, 퇴직연금, 개인연금의 3층 연금제도를 활용하여 매월 희망하는 노후 생활비를 준비해야 한다. 만약 부족한 부분이 있다면 일하는 기간을 늘리거나 주택연금을 활용하는 방안도 고려하면 필요한 현금흐름을 만들 수 있다.

공부가 어렵고 번거롭다고 연금 준비를 미룰수록 지옥 같은 노후를 더 빠르고 더 오랫동안 맞이할 수 있다는 사실을 반드시 기억해야 한다.

> **소심한 중년의 투자 명언**
>
> 성공적인 노후 준비는
> 조기 투자와 철저한 연금 활용에서 시작된다.

제 4 장

안락한 노후를 위한 은퇴 계획

retirement plan for a comfortable old age

01.

그대의 삶이 1도 안 부러운

내 노후 준비

지난번에 군포시 당동도서관 30주년 특강에 강사로 초대되었다. 〈마인드TV〉 채널을 운영하며 주식과 투자 마인드 영상을 올렸다. 특히 주식투자로 노후 준비하는 방법을 여러 콘텐츠로 만들었는데 도서관 기획 담당자 눈에 띄었다.

난 투자 전문가는 아니다. 주식이든 부동산이든 큰 성공이나 수익을 만든 경험도 없다. 그저 관련된 책 읽고 공부한 내용과 직접 투자한 경험을 있는 그대로 방송에 담았을 뿐인데 담당자 눈에 좋아 보였던 모양이다. 감사하게도 '노후를 준비하는 현명한 투자 마인드'라는 주제로 3회에 걸쳐 강의를 진행했다. 참석한 분들의 만족도가 좋았다는 연락을 받고 안심했다.

ESS 투자법

내 투자방법은 한마디로 ESS 투자법이다. ESS는 Easy, Safe, Simple의 약자이며, 쉽고 안전하고 간단한 투자방법을 뜻한다. 난 이 투자법을 만든 이후 스트레스 없이 편안한 마음으로 멋진 미래를 그리고 있다. 하고 싶은 일에 집중하며, 남는 시간 가족과 즐겁게 보내며 투자를 병행하고 있다.

세상엔 투자자 수만큼 투자방식이 존재한다고 말한다. 투자방법에는 정해진 답이 없다. 본인에게 맞는 돈 버는 방법을 터득하면 그것이 자기만의 투자법, 성공적인 투자법이 되기 때문이다.

내가 ESS 투자법을 완성하기 위해 선택한 종목은 국내 상장 미국 ETF다. 주로 추천하는 종목은 TIGER 미국나스닥100, TIGER 미국필라델피아반도체나스닥, TIGER 미국테크TOP10 3종목이다. 3가지 주식을 매월 적립식 투자를 한다면 연평균 수익률 12% 이상을 기대할 수 있다.

왜 이 종목들을 선정했을까?

이 종목들을 선정한 이유는 첫째, 시장과 산업에 투자하는 것이기 때문에 공부할 내용이 많지 않다. 둘째, 세계 경제 대국인 미국 주식시장에 투자하는 것이기에 가장 안전하다. 적당한 수익률과 안정성이라는 두 마리 토끼를 잡을 수 있다. 셋째, 시가총액이 가장 큰 종목이라 노후 생활비 목적으로 주식을 조금씩 팔 때 자유롭기 때문이다.

미국 ETF는 미국에 직접 달러로 투자하는 방법도 있지만, 난 증권사 연금계좌에서 국내상장 미국 ETF를 매수하는 방법을 추천한다. 노후 연금을 준비하는 방법이며, 세액공제와 과세이연을 통한 절세가 가능하기 때문이다. 삼성전자 주식을 사고팔듯 똑같이 미국 주식을 매매하는 방식이다.

ESS 투자법으로 투자를 하면서 다른 사람이 어떻게 투자하든 부럽지 않게 되었다. 어떤 사람은 부동산으로 돈 벌고, 또 다른 이는 코인으로 돈 벌고, 또 어떤 이는 주식으로 큰돈 벌었다고 말하지만 이젠 관심 밖 일이다. 난 내 방식으로 투자하면 되기 때문이다.

"잠자는 동안에도 돈이 들어오는 방법을 찾아내지 못한다면 당신은 죽을 때까지 일해야만 할 것이다."라는 투자의 귀재 워런 버핏의 말이 늘 귓가에 맴돈다. 40대, 50대는 반드시 투자 공부를 해야 한다. 내 집 마련에 올인하는 것보다 적당한 수준의 살집과 노후 대비를 위한 투자가 필요하다. 특히 자녀교육비에 관한 지혜로운 선택은 필수다.

전업투자자가 되는 것이 목적이 아니라면 현명한 투자 마인드를 갖추는 것이 중요하다. 주변 상황에 흔들리지 않고, 자기만의 매매원칙과 기준을 만들어야 한다. 가장 중요한 것은 투자하는 목적이 무엇인지 정립하는 것이다. 결국, 모든 선택과 결정에 대한 책임은 우리 몫이기 때문이다.

> **66**
>
> **소심한 중년의 투자 명언**
>
> 현명한 투자 마인드는
> 안정적인 노후의 열쇠다.
>
> **99**

02.

아직 노후를 준비하지 못했다면
주식에 관심을 가져보자

본격적인 더위가 한창일 때 가족과 부산으로 여행을 다녀왔다. 집으로 돌아오기 위해 서울역에서 택시를 잡았다. 목적지를 말씀드리려 앞을 보니 머리가 하얀 기사분이었다. 아내가 이제 70세라고 말씀하신 거로 봐서 이 기사분은 70세 중반 정도로 보였다.

연세가 있는 기사는 대개 편안하게 차를 운전하는 경향이 있다. 우리 가족도 급하게 가야 하는 상황이 아니었기에, 기사분과 이런저런 세상 이야기를 나누며 시내 구경하듯 집으로 향했다. 요즘 70세 넘어 일하는 분들이 많다. 여러 가지 이유가 있겠지만 크게 두 가지라고 생각한다. '생활비 마련을 위한 경제적인 활동'과 '일의 의미와 가치를 두는 활동'이다.

일 자체를 즐기며 소소하게 일하는 것은 나름 괜찮지만, 노후 생활비를 구체적으로 준비하지 못한 채 기약 없이 일하는 사람은 나이가 들수록 불안하다. 그래서 이번 글에서는 아직 노후 준비를 못 한 사람들을 위해 여러 투자법 중 주식투자에 관심을 가져보라는 이야기를 하고자 한다.

노후 파산으로 힘든 노인들

뉴스를 보면 노후 파산으로 힘들어하는 노인들 이야기가 종종 나온다. 대표적인 사례는 첫째, 주식이나 펀드, 코인 등 몰빵 투자해서 실패한 경우. 둘째, 자식의 사업실패. 셋째, 암이나 심혈관 질환 등 중대 질병으로 인한 과도한 의료비 지출. 넷째, 새롭게 창업을 시도했다 실패한 경우. 다섯째, 보이스피싱이나 다단계 등 사기를 당한 경우다.

중대 질병을 제외한 나머지 사례에서 한 가지 공통점을 발견할 수 있다. 투자 후 단기간에 큰 수익을 원하고, 자식에게 투자해서 노후를 준비하고 싶고, 경험 없는 분야에 뛰어들어 창업한 후 큰돈을 벌고 싶으며, 코인이나 금융 다단계에 쉽게 마음이 이끌리는 것은 결국 '조급함' 때문이다. 조급함은 욕심에서 비롯된다.

나는 〈마인드TV〉 유튜브 채널을 운영하면서 코로나가 시작될 무렵, 본격적으로 주식투자를 시작했다. 불안한 노후를 대비할 여러 투자법 중 주식투자를 선택했다. 첫 번째 이유는 공부할 때 가장 재미있었다. 두 번째 이유는 주식투자도 여러 방법이 존재하는데 가장 안정적인 방식을 찾았기 때문이다. 세 번째 이유는 목돈이 아닌 매월 적금 넣듯 적립식 투자가 가능하기 때문이다.

주식투자에서 가장 중요한 것

나에게 주식투자에서 가장 중요한 것이 무엇이냐고 묻는다면 '마인드'를 정립하는 것이라고 답한다. 마인드의 핵심은 욕심과 조급함을 내려놓는 태도를 갖추는 것이다. 욕심과 조급함을 내려놓는다는 것은 첫째, 돈 그릇이 정해져 있어서 자신의 깜냥을 인정하는 태도와 둘째, 자기만의 돈 버는 방식이 있기에 남들 돈 번 소식에 귀 기울이지 않는 태도이다.

스노우폭스그룹 회장이었던 8,000억 자산가 김승호 회장은 베스트셀러 《돈의 속성》에서 "가장 빨리 부자가 되는 방법은 빨리 부자가 되려는 마음을 버리는 것"이라고 강조한 바 있다. 나 또한 빨리 부자가 되고 싶은 마음을 다스리며, 마음 편하게 투자하는 방법을 탐구했다. 결국, 책과 강의 그리고 투자 경험을 통해 '적당한 수익'과 '안정성' 모두를 잡는 투자법을 발견했다.

한 번에 큰 수익을 내고 싶은 마음이야 늘 있지만, 적금 넣듯 매달 주식을 사 모은다. 주로 사는 주식은 TIGER 미국나스닥100, TIGER 미국테크TOP10, TIGER 미국필라델피아반도체나스닥, ACE 글로벌반도체TOP4 Plus 등 모두 ETF다. 국내에 상장된 미국 주식들이며 일반 증권계좌보다 연금저축펀드라 불리는 연금계좌에서 투자하면 세금혜택에서 매우 효과적이다.

이 투자법이 욕심이나 조급함을 내려놓을 수 있는 세 가지 이유가 있다. 첫째, 특정 회사보다 시장이나 산업에 투자하기 때문에 분산 투자가 가능하다. 둘째, 가진 돈을 한 번에 투자하지 않고 월 적립식으로 투자하기 때문이다. 시장예측이나 타이밍을 노리지 않는다. 셋째, 단기간에 큰 수익을 노리기보다 10년, 20년 장기투자를 하므로 수익이 날 수밖에 없다.

아직 노후 준비가 부족한 사람에게 이처럼 스트레스받지 않고, 공부할 양이 많지 않으며, 투자하는 시간도 짧으면서, 마음 편안한 주식투자 방법에 관심을 가져보라고 권하고 싶다. 노후에 오래 사는 것은 누군가에게 축복이지만, 돈 없이 오래 사는 것은 재앙이 될 수 있기 때문이다.

> **소심한 중년의 투자 명언**
>
> 조급함과 욕심을 내려놓고 꾸준히 투자하라.
> 안정된 노후가 우리를 기다린다.

고령화 사회에 걸맞은
현명한 투자 전략

2022년 7월 출범한 국회 연금개혁특별위원회(연금특위)는 2023년 4월 말까지 운영될 예정이었다. 하지만 보험료율 인상안이 외부에 공개되고 여론이 안 좋게 흘러가자, 구조개혁으로 시선을 돌린다. 여야는 국회 본회의에서 연금특위의 활동 기한을 2024년 5월 말까지 연장하는 방안을 논의 중이다.

복잡한 개혁 내용을 거두고 연금 개혁안의 핵심은 무엇인가? 한마디로 "더 내고 더 늦게 받아라."이다. 이런 개혁안이 나오는 이유는 무엇일까? 노인 인구의 급증으로 인한 재정의 어려움 때문이다. 연금 수급 대상은 늘고, 연금 내는 젊은 층은 줄고 있는 현실이다.

65세 이상 인구는 2023년 현재 950만 명이다. 2025년엔 20.6% 차지할 것으로 예상하며, 2040년엔 1,700만 명으로 3명 중 1명은 노인인 셈이다. 급증하는 노인 인구로 재정부담이 가중되자 기초연금 지급대상을 조정하겠다는 의견도 나온다. 100만 명 정도 제외될 수도 있다. 연금개혁에 성공한 일본은 현재 소득 대비 18%를 낸다. 한국의 2배 수준이다.

이런 상황에서 우린 어떻게 해야 할까? 스스로 준비해야 한다. 자산형성 방법은 다양하지만 큰 틀에서 방향성이 먼저다. 베스트셀러 《월급쟁이 부자로 은퇴하라》에서 전하는 중요한 메시지는 "눈앞의 단기 이익보다 장기투자를 하라."는 내용이다. 자산을 팔지 않고 장기 보유하면 어떤 장점이 있을까?

첫 번째 장점,
수익 실현을 뒤로 미뤄 불필요한 낭비를 막을 수 있다.

주식이든 부동산이든 적금이든 목돈이 들어오면 이 돈을 어디에 쓸까 생각한다. 남자는 차를 바꿀까, 여자는 가방을 살까 고민한다. 결국, 소비한다는 의미다. 머리는 재투자할 것으로 생각하지만 소비의 유혹을 떨치기 쉽지 않다. 이상하게도 돈이 생기면 쓸 곳도 생긴다. 파는 시기를 최대한 뒤로 미루면 미래 더 큰 자산을 갖는다.

두 번째 장점,
자산 규모가 커질수록 수익도 커진다.

연수익률 12%일 때 72법칙에 의해 6년 후 자산이 2배가 된다. 72를 수익률로 나누면 2배가 되는 투자 기간이 산출된다. 1억 원을 투자하면 6년 뒤 2억 원이 되고 12년 뒤 4억 원이 된다. 만약 5억 원을 투자하면 6년 뒤 10억 원, 12년 뒤 20억 원이 만들어진다. 복리의 마법은 시간에 달렸다. 주식시장에서는 "타이밍이 아니라 타임에 투자하라."라는 명언이 있다.

세 번째 장점,
거래 횟수가 줄어 각종 비용을 아낄 수 있다.

수수료, 세금 등 거래가 많을수록 불필요한 비용으로 자산이 줄어든다. 수익률을 높이는 것도 전략이지만, 지출을 줄이는 것도 중요한 전략이다. 한정된 수입 안에서 또 다른 수입을 늘리는 것은 쉽지 않다. 오히려 소비, 즉 비용을 줄여 이를 수익으로 전환하는 것이 현실적이다.

결론적으로 장기적 안목으로 투자해야 함을 강조한다. 그래서 종목이 중요하다. 부동산이든 주식이든 우량 자산에 투자하는 것은 가장 기본이다. 복리의 마법은 높은 수익률보다 적당한 수익률을 얼마나 꾸준히 유지하는가에 달려있다. 자산형성의 핵심은 수익률보다 인내심이다. 투자는 멘탈게임이기 때문이다.

> **66**
>
> **소심한 중년의 투자 명언**
>
> 장기적 안목과 인내심이
> 자산을 키우는 최고의 투자 전략이다.
>
> **99**

노후를 위해
하루빨리 자산을 모아야 한다

《돈의 규칙》이라는 책에서 '금리'란 다른 사람의 돈을 사용하기 위해 지급하는 비용이라고 한다. 금리를 올리면 경기가 나빠진다. 특정 시점에서 금리를 낮춰야 한다. 제로 금리에 도달하면 다시 양적 완화를 통해 돈을 공급해야 한다. 양적 완화는 중앙은행이 채권이나 다른 자산을 사들임으로써, 이율을 더 낮추지 않고도 돈의 흐름을 늘리게 된다.

돈이 시장에 풀리면 물가가 계속 오르는 인플레이션을 초래한다. 이른바 '저금리 고물가'가 완전한 디폴트 값이 되는 뉴노멀의 시대가 열리는 것이다. 저금리 고물가 시대에는 저축은 의미가 없다. 은행에 넣어둔 돈은 시간이 흐를수록 가치가 떨어지기 때문이다. '돈이 녹는다'라고 표현한다.

아직도 대한민국 중장년층은 투자보다 저축을 선호한다. 미국 은퇴자의 평균 자산은 9억 원이고, 대한민국 은퇴자는 5,500만 원이라는 통계가 뉴스로 전해졌다. 한국은 자산의 86%가 예·적금 또는 국채에 투자하고 있기 때문이다. 자산의 85% 이상을 주식에 투자하는 미국 은퇴자와의 차이점이다.

다가오는 미래에는 저축의 개념을 바꾸어야 한다. 저축하듯 투자를 해야 한다. 부동산, 주식 등 자산을 모아야만 물가 상승을 이길 수 있다. 우리의 소중한 돈이 서서히 사라지는 것을 막는 유일한 방법이다.

내가 주식투자를 하면서 옆에서 지켜보던 아내도 함께 투자하고 있다. 아내를 비롯한 지인들에게 종목을 추천하면, 주가가 너무 올라서 주식을 사기가 두렵다고 말한다. 2022년 하락의 시기를 지나 2023년 특히 많이 올랐다. 하지만 난 이렇게 답한다. "앞으로 오를 것에 비하면 이제 시작 단계입니다."

04. 노후를 위해 하루빨리 자산을 모아야 한다

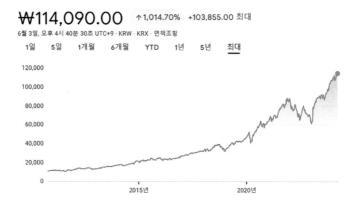

TIGER 미국나스닥100

₩114,090.00 ↑1,014.70% +103,855.00 최대

6월 3일, 오후 4시 40분 30초 UTC+9 · KRW · KRX · 면책조항

1일 5일 1개월 6개월 YTD 1년 5년 **최대**

　이 그림은 국내에 상장한 미국 ETF 중 가장 오래된 TIGER 미국나스닥100 ETF의 주가 그래프다. 2010년 1만 원으로 상장해서 현재 주가는 114,090원이다. 수익률은 1,014%이다. 만약 2010년 1억 원을 투자했다면 현재 11억 4천만 원이 된다.

　이 그래프에서 알 수 있는 점은 무엇일까? 우상향이라는 사실이다. 지금이 가장 고점이면서 동시에 저점이라 말하는 이유다. 만약 앞으로 주식시장이 하락장이 될 것으로 예상한다면, 현금을 보유하다 저점에서 매수하면 된다. 다만 그 시점을 확신할 수 없다면 매월 적립식으로 매수하길 권한다.

ETF 투자의 장점

ETF는 개별 회사의 주식이 아니다. 최소 10개 기업에서 100개 기업까지 골고루 투자한다. 특정 회사는 시장 상황과 경영진에 따라 사라질 수 있다. 하지만 ETF는 리밸런싱 기능이 있어서 매출이나 이익이 하락하는 기업은 자동 퇴출당한다. 물론 ETF 주가도 오르락내리락 늘 변동성이 있지만, 결국 우상향할 가능성이 크다. 수익을 내는 기업에만 투자하기 때문이다.

기업은 살아남기 위해 최선을 다한다. 주변 직장인을 보라. 열심히 일하지 않는 사람은 거의 없다. 동네 자영업도 마찬가지다. 대충 일하는 사람보다 열심히 사는 사람이 많고, 그들에게 성장의 기회가 온다. 경제는 계속 성장할 것이다. 경제성장의 주축인 기업도 성장한다. 성장하는 기업에 투자하기 때문에 우상향할 수밖에 없다.

주식시장과 ETF가 우상향한다는 믿음이 생기면, 우리는 무엇에 집중해야 할까? 바로 주식수량이다. 흔히 '수량이 깡패다'라고 농담처럼 말한다. 1억 원을 가진 사람은 10% 수익 발생 시 1천만 원을 번다. 10억 원을 모은 사람은 1억 원을 번다. 우리가 투자하는 ETF는 2023년 평균 30% 이상 수익을 냈다. 만약 3억 원 정도 투자했다면 1억 원 가까운 수익이 발생했다는 의미다.

지난겨울 딸아이와 눈사람을 만들며 즐겁게 지냈다. 눈사람을 만들 때 눈덩이 효과(Snowball Effect)를 경험한다. 작은 눈덩이로 시작해서 점점 커진 눈덩이는 한번 굴리면 주변 눈을 모두 흡수해버린다. 곰처럼 커진 눈덩이는 제어하기 힘들 정도로 잘 굴러간다. 이때는 굴리는 데 힘이 들어가지 않는다.

투자금이 작으면 수익이 발생해도 만족스럽지 않다. 아직 작은 눈덩이라는 사실을 인정하자. 인내심을 갖고 눈덩이를 굴리듯 절약과 투자를 계속하면 커다란 눈덩이를 굴리게 될 것이다. 아직도 투자가 두려운가? 저축하듯 투자를 시작해 보자. 하루빨리 자산을 모아야 노후가 편안해질 것이다.

> **소심한 중년의 투자 명언**
>
> 노후를 위한 성공적인 투자는
> 하루빨리 시작하여 꾸준히 자산을 모으는 데 있다.

05

돈이 없다면 시간에 투자하세요

빠른 속도로 대한민국은 고령화 국가가 되고 있다. 조만간 전체 인구의 1/3 이상이 65세 노인으로 채워질 것이다. 평균수명은 늘어 가고 돈 나갈 곳은 많아진다. 노후 준비를 하고 싶어도 투자할 돈이 없다는 푸념도 자주 들린다. 그렇다고 포기할 것인가? 차선의 투자 방법을 찾아야 한다.

첫 번째 투자 전략, 연금계좌 활용

연금이란 한 번에 목돈으로 쓰는 것이 아닌 매월 생활비로 사용 하라는 의미다. 내게는 증권사 앱에 두 개의 계좌가 있다. 하나는 위탁종합이라는 일반계좌, 다른 하나는 연금저축이라는 이름의 연금계좌다. 두 계좌는 투자방식은 동일인데 돈을 빼는 방식과 세금이 다르다.

먼저 위탁종합계좌에서는 자유롭게 돈을 뺄 수 있다. 한꺼번에 뺄 수 있고, 필요한 만큼 조금씩 뺄 수도 있다. 다만 찾을 때 수익의 15.4%를 세금으로 낸다. 자주 언급하는 주식은 국내상장 미국 ETF이기 때문에 발생하는 세금이다. 국내 주식이나 국내 주식형 ETF에 투자한다면 비과세다.

연금계좌는 연금개시 나이에 따라 연금소득세 3.3~5.5%를 낸다. 다만 한 번에 목돈으로 꺼낼 수 없다. 최소 10년 동안 나눠서 빼야 한다. 물론 연금방식이 아닌 목돈으로 찾을 수 있다. 다만 세액공제 받은 금액은 기타소득세 16.5%를 내야 해서, 일반계좌에서 투자할 때보다 오히려 더 많은 세금을 내야 한다.

연금저축은 용어가 복잡하다. 증권사에서 가입하면 연금저축펀드, 보험사에서 가입하면 연금저축보험, 은행에서 가입하면 연금저축신탁이라 부른다. 요즘은 신탁 상품은 더는 판매하지 않으며, 은행에서도 연금저축펀드를 가입할 수 있다.

낮은 수익률이라는 커다란 문제

가장 큰 문제는 연금저축보험과 연금저축신탁은 적금보다 낮은 수익률을 보인다는 점이다. 아내가 연금저축보험이 만기가 되어서 얼마가 쌓였나 확인했다. 총 900만 원 냈는데 100만 원 수익금이 발생했다. 10년 이상 보유했지만 10% 정도 이익을 얻은 셈이다. 차라리 적금으로 재투자하는 방식이 더 나은 방법이다.

다행히 연금저축보험은 증권사로 이전할 수 있다. 올 초 아내의 연금보험을 증권사 연금계좌로 이전했고, 미국나스닥100, 미국테크탑10, 미국필라델피아반도체나스닥 ETF에 투자했다. 운 좋게도 아내의 연금계좌는 1년 반 만에 50% 이상 수익이 발생했다.

이렇게 증권사로 연금저축을 이전하면 개인이 직접 운영해야 한다. 여기서 문제가 발생한다. 어떤 주식에 투자해야 하고, 어떻게 투자해야 할까 고민이 되기 때문이다. 이 문제는 생각보다 쉽게 해결할 수 있다. 앞서 몇 차례 소개했듯, '월 적립식으로 ETF에 투자'하면 된다.

연금저축 가입 후 연금으로 받으려면 두 가지 조건만 충족하면 된다. 계좌를 개설한 지 5년 이상 그리고 나이가 만 55세 이상이 되면 언제든 연금개시 신청을 할 수 있다. 이때 연금계좌의 단점이 생긴다. 연금개시 신청을 하면 더는 추가로 투자를 할 수 없다는 점이다. 그동안 투자한 금액은 기존 방식대로 투자가 이루어지지만, 월 적립식 투자를 지속할 수 없다.

그래서 연금계좌를 2개 개설하는 것이 효과적이다. 본인 이름으로 증권사를 달리해서 연금계좌를 개설해도 되고, 배우자 이름으로 계좌를 개설해도 된다. 물론 충분한 금액이 모여 더 투자하지 않아도 된다면, 별도 연금계좌를 추가로 개설할 필요가 없다.

두 번째 투자 전략, 시간에 투자하라.

충분한 노후자금을 준비하지 못한 사람은 어떻게 해야 할까? 시간에 투자해야 한다. 복리 효과를 최대한 활용해서 노후자산을 불리는 방법이다. 예를 들어, 10만 원 주식투자로 1억 원 노후자산을 만드는 방법을 소개한다.

내가 투자하는 종목들 중 TIGER 미국나스닥100, TIGER 미국테크TOP10, TIGER 미국필라델피아반도체나스닥 ETF를 추천한다.

현재 이 종목들은 5년 수익률이 200% 이상이다. 5년 전 1억 원을 투자했다면 현재 3억 원의 자산이 만들어진다. 물론 앞으로도 이렇게 된다는 보장은 없다. 보수적으로 연수익률 12%와 15%로 가정해 본다.

<표 1>

투자기간	적립금	수익률	총적립액	총자산(세전)
20년 (240개월)	10만원	12%	2,400만	99,914,792원
	50만원		1억2천만	499,573,960원
	10만원	15%	2,400만	151,595,497원
	50만원		1억2천만	757,977,487원

출처 : 한국강사신문

〈표 1〉과 같이 매월 10만 원 투자하면, 20년 후 약 1억 원^(세전)이 만들어진다. 매월 50만 원을 투자하면, 5억 원 정도 자산이 생긴다. 돈이 없다면 시간에 투자하는 방법을 활용해야 한다.

〈표 2〉는 1억 원을 만드는 데 필요한 기간과 투자금액이다. 현재 나이 20살 청년이 1억 원을 만들고 싶다면, 매월 8,416원을 40년간 투자하면 가능하다. 10억 원 자산을 원한다면, 매월 84,160원을 투자하면

<표 2>

목표금액	투자기간	월적립금
1억원 12% 가정 세전	5년	121만원
	10년	43만원
	15년	20만원
	20년	10만원
	25년	52,698
	30년	28,330
	40년	8,416

출처 : 한국강사신문

된다. 더 빠르게 자산을 형성하고 싶다면 월 적립금을 높이면 된다. 더 절약하고, 더 수입을 늘려야 한다.

당신은 노후자산으로 얼마를 원하는가? 매월 생활비로 얼마가 필요한가? 이 두 가지에 따라 당신의 투자금액과 투자 기간이 정해진다.

> ❝
>
> **소심한 중년의 투자 명언**
>
> 돈이 없다면 시간에 투자하라.
> 꾸준한 적립식 투자가 미래의 자산을 만들어 준다.
>
> ❞

06

50~60대 노후에
돈 걱정 없이 사는 4가지 방법

　　뉴스 기사를 보면 통계자료가 자주 등장한다. 초고령화 사회로 진입하면서 노후 걱정에 대한 근거자료와 '노후 부부 생활비가 얼마나 필요한가?' 등 설문결과를 제시한다. 통계자료에서는 부부 합산 최소 생활비로 287만 원 정도 필요하다고 말한다.

　　하지만 통계는 통계일 뿐 내 상황과 같을 수는 없다. 현실적이지 않다. 요즘 60대 이후에도 나가는 돈이 상당히 많다. 주변 지인에게 물어보면 최소 400만 원 이상 필요하다고 대답하는 사람이 많기 때문이다.

노후 준비에 대한 연관된 언어를 조사하면 이런 결과가 나온다. 단어의 크기는 주제어와 연관성이 크다는 의미다. 긍정언어로는 '경제적', '안정적', '건강하다', '돈 벌다'라는 단어가, 부정언어로는 '부족하다', '부담', '걱정', '힘들다' 등 눈에 띈다.

노후자금에 대한 연관된 언어를 조사하면 이런 결과가 나온다. 앞서 '노후준비' 단어와 비교하면 상대적으로 긍정언어보다 부정언어가 더 많이 나타난다. 긍정언어로는 '혜택 받다', '경제적', '좋다', '적극적'이라는 단어가, 부정언어로는 '부족하다', '속다', '피해', '이혼', '불안한 마음' 등 눈에 띈다.

주식투자에 대한 연관된 언어를 조사하면 이런 결과가 나온다. 긍정언어로는 '해결하다', '안정적', '성공하다', '합리적'이라는 단어가, 부정언어로는 '손실', '피해', '손해', '부작용' 등 눈에 띈다. 긍정언어와 부정언어가 대체로 비슷하게 나타나지만, 부정언어의 단어가 좀 더 두드러진다.

요즘 인터넷에 올라오는 내용을 기반으로 '노후준비', '노후자금', '주식투자' 단어와 연관된 느낌을 살펴봤다. 세대별, 기간별, 지역별 등 세부적인 기준으로 통계를 살핀다면 더 많은 정보를 얻을 수 있다. 대체로 노후를 바라보는 느낌은 걱정과 불안으로 향한다. 걱정과 불안의 중심엔 결국 돈으로 귀결될 것이다.

오늘의 주제인 노후에 돈 걱정없이 사는 4가지 방법을 본격적으로 알아보자.

첫 번째, 평생현역

은퇴 전문가들은 '최고의 은퇴준비는 평생 현역으로 사는 것'이라고 말한다. 매달 100만 원을 번다는 것은 2~3억 원의 부동산을 보유하고 있는 것과 같다. 그만큼 노후 현금흐름은 나이가 들수록 큰 의미로 다가온다. 하지만 은퇴를 앞두고 있거나 이미 퇴직한 분들은 재취업을 힘들어한다.

20~30년 이상 직장에서 수많은 스트레스 받으며 견뎌온 삶이 자연스레 떠오른다. 그런 전쟁터와 같은 곳으로 다시 들어가기가 두려울 것이다. 게다가 근무환경이 좋았던 대기업 부장이나 임원이었던 사람은 자존심이 허락하지 않는다고 털어놓는다. 그래서 작고 허름한 직장으로 취업하기가 어려운 것이다.

어려운 마음이야 충분히 공감하지만 현실을 직시할 필요가 있다. 앞서 이야기했듯, 현금 100만 원의 가치는 2~3억 규모의 부동산을 소유한 것과 같다. 현실적으로 2~3억 원 자산을 만드는 것이 쉬울까? 그깟 자존심이야 눈 딱감고 재취업한다면 금방 사라질 것이다. 노후자산을 보유한다는 관점으로 접근하면 어떨까?

의료 기술은 계속해서 발전하고, 평균 수명은 갈수록 길어진다. 준비 없이 맞이하는 기나긴 노후는 '재앙과 같다'고 말한다. 시간이 흐를수록 퇴직 후 준비해야 할 노후생활은 길어지고 있다. 자존심을 잠시 내려놓고 현실을 바라보는 지혜가 요구된다.

두 번째, 다운사이징

한국은 70% 이상 부동산 자산을 보유하고 있다. 금융자산은 30%를 넘지 않는 것이 현실이다. 10억 원 아파트를 갖고 있어도 수익이 발생하지 않으면, 노후에 아무런 쓸모가 없다. 노후엔 매월 현금흐름이 가장 중요하기 때문이다. 만약 보유한 자산이 대부분 주택에 묶여있다면 다운사이징을 추천한다.

저렴한 지역으로, 좀 더 작은 주택으로 옮긴다면 남은 자금으로 노후준비를 할 수 있다. 요즘 주거형태로 아파트를 가장 선호한다. 아파트 살기를 포기하면 다운사이징이 훨씬 수월해진다. 아파트 거주를 포기하고 노후된 빌라를 선택하면 주택에 들어가는 돈이 확 줄어들기 때문이다. 빌라를 새롭게 단장하면 사는 느낌은 신축 아파트 못지 않다.

세 번째, 주택연금활용

다운사이징이 현실적으로 어려운 사람이 있다. 저렴한 지역으로 옮기고 싶어도 직장이나 가족들 상황에 따라 특정 지역에 머물러야 하기 때문이다. 이럴 땐 주택연금제도를 활용하면 좋다.

현재 시세가 3억 원인 집에 거주하는 경우, 70세에 주택연금에 가입하면 월 90만 원 수령이 가능하다. 시세가 4~5억 원 정도인 어느 노부부는 매월 160만 원 수령하고 있다. 여기에 두 사람의 기초 연금과 자녀가 보태주는 생활비를 합쳐 생활하고 있다. 물론 연금신청 시기를 늦출수록 더 많은 금액을 받는다. 평생 연금이 나오고 나중에 남는 돈은 자녀에게 상속되는 합리적 방법이다.

네 번째, 주식투자활용

증권사 연금계좌(연금저축펀드)를 만들어서 국내 상장 미국 ETF에 투자하는 것이다. 투자수익에 대해 세금혜택이 있고, 불안한 목돈 대신 연금으로 받을 수 있는 장점이 있다. 주식에 대해 이것저것 복잡하고 잘 모르겠다면, 미국나스닥100 ETF와 미국필라델피아반도체나스닥 ETF를 추천한다. 두 종목을 꾸준히 투자하면, 연 12% 정도 수익률을 얻을 수 있다.

정리하자면, 노후에 돈 걱정 없이 사는 4가지 방법은 첫째, 평생 현역, 둘째, 다운사이징, 셋째, 주택연금활용, 그리고 넷째, 주식투자활용이다.

4가지 중 한 가지를 선택해도 되고, 가장 효과적인 노후 준비는 몇 가지를 조합하는 것이다. 현역으로 일하고, 좀 더 저렴한 주택으로 이사하고, 주식투자를 병행하는 것이다. 건강이 허락하는 한 오랫동안 일하며 투자를 병행하면 적당한 노후자금을 만들 수 있다. 만약 투자 기간이 부족하다면 주택연금을 활용하는 것도 좋을 듯하다.

> **❝**
>
> **소심한 중년의 투자 명언**
>
> 노후를 위한 최고의 준비는
> 현명한 계획과 꾸준한 실행이다.
>
> **❞**

07

노후 준비를 위한 투자가 즐거운 이유

《강신주의 장자수업》이라는 책에서 '합목적성'이라는 개념이 나온다. 말 그대로 목적에 맞춰 합리적인 방향을 결정하는 성질을 의미한다. 우린 일상에서 '건강을 위하여', '내 집 마련을 위하여', '노후를 위하여', '행복을 위하여'라는 말을 자주 사용한다. 그런데 목적에 대한 생각이 강하면 '현재'는 빨리 지나가야 할 수단이 되어 버린다.

지금 이 순간이 아니라 앞으로 다가올 어떤 상태를 먼저 생각하는 것이다. 미래의 목적을 달성하기 위해 현재의 모든 것을 수단으로 통제하기 시작한다. 결국 합목적적 행동은 항상 행복을 뒤로 미루는 경향으로 나타나기 쉽다.

나는 세 가지 투자철학을 자주 강조한다. 첫째, 세계 1등 주식을 산다. 둘째, 매월 적립식으로 투자한다. 셋째, 10년 이상 장기투자를 계획한다. 95%가 성공하지 못한다는 주식시장에서 성공하기 위한 전략을 아무리 설명해도 말을 듣지 않는다. 안타까운 현실이다. 5%만 생존하는 척박한 주식시장에서 성공하는 두 가지 방법을 제안한다.

첫째, 과정에 집중해야 한다.

과거엔 노후자산이라는 개념이 유행했다. 한 달 생활비가 500만 원 정도 예상된다면, 1년에 6천만 원이 필요하고, 10년이면 6억 원이 필요하다. 은퇴 후 최소한 20년 이상 노후 생활을 해야 하는 상황에서 적어도 10억~20억 원의 자산을 준비해야 한다는 뜻이다.

자산에 집중하는 순간 오늘 하루 저축한 1만 원에 대한 의미가 무색해진다. 언제 저 높은 정상에 오를 것인가 고민하기보다 지금 한 발 내딛는 것에 집중하다 보면 결국 정상에 다다르는 것이 아니겠는가. 20억 원이라는 에베레스트산을 눈앞에 둔 등반가처럼 과정에 집중하는 것이다.

투자의 달인이라도 한순간 10억 원이라는 자산을 만들기는 어렵다. 주식투자를 하는 사람이라면 주식 수량에 집중하는 것이 산악인이 내딛는 발걸음과 같다. 한 주 주식을 사며 한 걸음 걷고, 또 한 주를 사며 다시 한 걸음 걷는 과정의 연속이 투자의 성공 전략인 것이다.

둘째, 투자보다 즐거운 삶이 먼저다.

우리가 투자하는 이유는 무엇인가? 풍요로운 노후를 위해서다. 은퇴를 앞둔 사람이라도 노후는 10년 이상 미래의 모습이다. 주식투자로 성공하더라도, 그 돈을 사용하려면 적어도 10년 후라는 의미다. 정해진 날, 정해진 금액으로 주식을 매수한 후 일터와 가정으로 돌아가야 한다.

소중한 월급을 주는 일터에서 동료들과 즐겁게 일을 마치고, 사랑하는 가족이 있는 가정으로 돌아온다. 오늘 하루 서로의 삶을 이야기 나누며, 따뜻한 밥 한 끼를 함께한다. 투자는 중요한 요소이지만 그보다 먼저 챙겨야 하는 것은 우리의 일상, 즉 삶이다. 즐거운 삶 속에서 투자를 즐기면 결국 삶도 투자도 성공하는 셈이다.

수많은 깨달은 이와 철학자는 늘 강조한다. "카르페 디엠(Carpe diem)!" 호라티우스의 "현재를 잡아라, 가급적 내일이란 말은 최소한 만 믿어라(Carpe diem, quam minimum credula postero)"의 한 구절이다. 우리에겐 "현재를 잡아라(Seize the day)"라는 의미로 알려져 있다.

투자 자체를 즐거운 과정이라 말하는 이는 드물다. 특히 주식투자는 평탄하게 주가가 오르기만 하지 않고, 마치 전쟁터처럼 주가의 변동이 큰 시장이다. 변동성이 큰 시장에서 살아남는 비결은 '주가'를 보지 않고 '수량'을 바라보는 것이다.

산 정상이라는 노후 '목표'를 바라보며, 수량이라는 '과정'과 오늘이라는 '삶'을 즐겨보자. 어느덧 우린 정상에서 시원한 바람을 맞으며, 편안하게 아래를 내려다볼 것이다.

소심한 중년의 투자 명언

현재를 즐기며 과정에 충실하면,
돈과 성공은 자연스레 따라온다.

제4장 안락한 노후를 위한 은퇴 계획

08

은퇴 후 노후를 준비하는
진짜 현명한 방법

2024년 2월 13일 자 매일경제 기사에 따르면, 미국의 연금 백만장자(100만 달러 이상 잔액 보유·약 13억 원)가 4년 새 2배로 늘었다고 한다. 미국인들은 연금 자산의 86%를 주식에 투자하고 있기 때문이다. 반면 한국은 연금 자산 가운데 85%를 예·적금이나 국채에 투자 중이다. 원리금 보장형 상품에 대다수 투자하고 있는 현실이다.

2022년 한국의 퇴직연금 적립금 335조 원 중 원리금 보장형 상품 비중은 286조 원으로 85%에 달했다. 이러한 투자방식으로 인하여 어떤 결과가 나타날까? 한국은 퇴직연금 평균 투자 잔액이 약 5,500만 원에 불과한 것으로 드러났다. 결과적으로 어디에 투자하느냐에 따라 노후 연금 자산이 크게 달라진 셈이다. 미국은 평균 9억 원, 한국은 5,500만 원이라는 불편한 진실을 마주하게 된다.

최근 미국 증시가 사상 최고가를 경신하자 한미 연금 자산 격차는 더 확연하게 벌어지고 있다. 피델리티매니지먼트앤드리서치에 따르면 미국인 중 연금 백만장자 수는 68만 8,000명으로 2020년 1분기 말(30만 7,000명) 대비 124% 급증했다. 미국인들은 연금 자산 대부분을 주식에 투자하면서 연금 부자가 급격히 늘어나고 있다.

미국 은퇴지와 한국 은퇴자의 차이점

계속해서 기사에 나오는 사례를 살펴보자. 미국 뉴욕에서 보험설계사로 일하는 데이비드 슈워츠 씨(55)는 내년 둘째 아들이 대학에 들어가면 조기 은퇴할 계획이다. 노후 걱정은 전혀 없다고 한다. 28년간 적립한 401K와 개인은퇴연금계좌(IRA) 덕분에 월평균 8,500달러(약 1,100만 원)의 연금을 받을 수 있기 때문이다. 그는 "아내와 한 달에 한 번씩 국내외 여행도 다닐 계획"이라고 했다.

서울 강남의 한 대기업에서 일하는 전 모 부장(51)은 은퇴 후 인생을 생각하면 '한숨'만 나온다. 3년 전 마포구에 30평대 아파트를 마련했지만 영끌(영혼까지 끌어모아 대출)도 모자라 퇴직연금까지 중도에 찾아 아파트 구매 자금을 마련했기 때문이다. 전 부장은 "월급 실수령액이 1,000만 원 안팎인데 대출이자와 생활비를 내고 나면 월급통장에 남는 게 한 푼도 없다."라고 말했다.

OECD 2021년 자료에 따르면, 미국은 연금의 소득대체율이 81.3%이다. 은퇴 전 연봉이 1억 원이었다면 은퇴 후 1년에 8,000만 원을 생활비로 쓸 수 있는 수준이다. 반면 한국은 소득대체율이 50.8%이다. 1억 원을 받던 사람조차 은퇴 후 5,000만 원 수준으로 생활해야 한다. 겪어본 사람은 다 안다. 소비 규모를 급격히 줄이는 것이 얼마나 힘들고 고통스러운지를.

현실이 이렇다. 어떻게 할 것인가? 아직도 투자가 두려워 물러서 있을 것인가? 투자가 무엇인지 제대로 이해할 필요가 있다. 투자의 중요성을 알았다면 당장 시작하라. 하루빨리 시작하지 않으면 은퇴 후 삶은 낭만적인 노후보다 비참한 노후를 맞이할 것이다. 게다가 평균수명까지 길어지면서 남은 삶은 천국보다 지옥에 가까워질지 모른다.

난 노후를 준비하려는 사람에게 세 가지 투자철학을 강조하고 싶다.

첫 번째, 적금 넣듯 투자한다.

주식투자를 저축으로 여기는 마인드를 갖추면 효과적이다. 과거 은행에서 적금 넣듯 주식투자를 바라보는 관점이다. 적금은 어떻게 할까? 정해진 날짜에 정해진 금액만큼 통장에서 자동이체가 된다. 주식투자도 마찬가지다. 초우량주로 구성된 ETF를 선정한 후, 매월 정해진 날짜에 정해진 금액만큼 주식을 매수하는 방식이다.

두 번째, 주식(ETF)을 매수할 때 주가를 고려하지 않는다.

적금 넣을 때 이자가 얼마인지 매번 확인하지 않는다. 주식을 매수할 때도 같은 방식이다. 현재 주가가 높은지 낮은지 따지지 않는다. 누군가는 '쌀 때 사야 더 이익이지 않을까?'라는 의문이 들 수 있다. 하지만 주가는 예측의 대상이 아니다. 멘탈 관리 차원에서 그냥 매수하는 것이 효과적이다.

세 번째, 샀다 팔았다 푼돈 벌 생각 말고 장기투자로 자산을 키워야 한다.

단기 매매로 당장 이익을 얻을 수 있다. 하지만 그 이익금은 지금 어디에 있을까? 무언가 소비했을 것이다. 돈이 생기면 그 돈을 어디에 쓸까 자동으로 생각한다. 인간의 본능이기 때문이다. 본능을 이기는 방법은 장기간 묶는 방법밖에 없다.

결론적으로 "투자를 공부한다. 투자를 시작한다. 장기간 보유한 다."라고 한 줄로 정리할 수 있다. 남은 것은 언제부터, 얼마씩 투자 할 것인가 정하면 끝이다.

> ❝
>
> **소심한 중년의 투자 명언**
>
> 지금 바로 시작하고 꾸준히 지속하라,
> 노후의 행복은 오늘의 투자에 달려있다.
>
> ❞

09

50대 중반 1억 원으로
노후 준비를 어떻게 해야 할까?

〈마인드TV〉 유튜브 채널을 운영하다 보면 시청자가 자신의 사연을 댓글에 올리곤 한다. 이번 글의 주제는 사연 중 하나를 소개하면서 현명한 주식투자 마인드에 대해 정리해보고자 한다.

"50대 중반인데 남편이 죽기 전에 남긴 빚 갚느라 노후 준비가 하나도 안 되어 있어요. 올해 겨우 ISA 계좌와 연금저축 펀드를 만들었는데 어떤 걸 사야 할지 아직 모르겠어요. 이제 겨우 1억 원 모았는데 10년 보고 투자한다면 어떤 종목을 살까요? 도와주세요."

구체적인 답변을 알려주기 전에 용어와 개념을 정리하는 것이 우선이다. ISA란 '개인종합자산관리계좌'라는 뜻으로 하나의 계좌로 예금, 적금, 펀드 등 여러 금융자산을 관리할 수 있는 계좌다.

ISA 계좌에서 투자하면서 발생하는 이익이나 배당소득에 대해서는 세금을 매기지 않는 비과세 혜택이 있으며, 언제든 자유롭게 금융 상품을 변경하며 운용할 수 있어 '비과세 만능통장'이라고도 불린다.

ISA는 만 19세 이상 거주자라면 누구나 가입할 수 있고, 만 15세 이상 19세 미만도 근로소득자라면 가입할 수 있다. 소득 제한은 없으나 최근 3년 내 금융소득종합과세 대상^(연간 이자 배당소득 합계액 2,000만 원 초과)이었다면 ISA 계좌를 개설할 수 없다. 의무가입기간은 3년이며 3년 만기 시 비과세 혜택이 적용된다.

최근 기획재정부는 ISA 세제 지원 확대 등의 내용을 담은 '조세특례제한법 및 소득세법' 개정을 추진한다고 밝혔다. 이번 개정안이 국회를 통과하면 ISA의 납입한도와 비과세 한도가 늘어나면서 세제 혜택이 더 확대될 전망이다.

먼저 납입한도는 기존 연간 2,000만 원^(총 1억 원)에서 연간 4,000만 원^(총 2억 원)으로 확대된다. 비과세 한도도 200만 원^{(서민·농어민형 400만}

원)에서 500만 원(서민·농어민 1,000만 원)으로 늘어난다.

이와 함께 국내 투자형 ISA를 신설하면서 그동안 ISA 가입이 제한된 금융소득종합과세 대상자도 ISA에 가입할 수 있다. 국내 투자형 ISA는 국내 주식과 주식형 펀드에 투자하는 상품으로 비과세 한도는 일반 ISA의 2배인 1,000만 원(서민·농어민용 2,000만 원)으로 확대된다.

다만 금융소득과세자의 경우 일반 투자자와의 과세 형평을 고려해 비과세는 적용하지 않고 일반 투자자보다 높은 15.4%의 세율을 적용할 예정이다.

이전 글에서 증권사에서 개설한 연금저축계좌에서 미국 ETF를 투자하는 방법을 추천했다. 세액공제와 과세이연 효과를 동시에 누릴 수 있기에 주식 투자자에게 가장 효율적인 방법이기 때문이다. 10년 이상 장기투자를 한다면 효과적으로 노후자산을 연금 형태로 만들 수 있다.

급증하는 노령인구를 감당하기 위해 정부도 적극적으로 개인연금 혜택을 늘리고 있다. 연금저축계좌를 증권사에서 개설하는 것 자체가 큰 혜택이며, 동시에 ISA 계좌를 이용한다면 더 커다란 혜택을 누릴 수 있다.

　3년 후 ISA 계좌가 만기가 되면 해지 환급금을 연금계좌^{(연금저축펀}드)로 이체할 수 있다. 이체 금액의 10%^(한도 300만 원)에 해당하는 금액이 추가로 세액공제가 된다. 연금계좌의 연간 세액공제 한도는 900만 원이지만, ISA 만기 자금을 연금계좌로 이체하면 1,200만 원까지 혜택을 받을 수 있다.

　이제 사연자 질문에 대한 답변을 정리할 시간이다. 1억 원이란 돈을 어떻게 투자할 것인가? 3년간 ISA 계좌와 연금계좌에서 매월 적립식을 투자한다. ISA 계좌에서 연간 2,000만 원까지 투자하고, 연금계좌에서 연간 1,800만 원까지 투자할 수 있다. 3년 후 ISA가 만기가 되면 투자금 6,000만 원과 수익금을 모두 연금계좌로 이체한다.

　그렇다면 어떤 종목에 투자하면 좋을까? 50대 중반을 고려해서 시가총액이 가장 큰 ETF를 추천한다. 시가총액이 큰 주식은 주식 보유자가 많다는 뜻이고, 보유자가 많다는 것은 향후 주식을 사고팔 때 거래가 쉽다는 것을 의미한다. 주식투자를 하는 목적이 노후 생활비를 마련하기 위함이기 때문이다.

네이버 금융에서 시가총액 순서로 검색한 결과를 참고해서 TIGER 미국S&P500, TIGER 미국나스닥100, TIGER 미국필라델피아반도체나스닥 등 3가지 ETF를 추천한다. 10년 이상 보유한다면 효과적으로 노후자산을 준비할 수 있을 것이다.

중요한 사실은 '모든 선택은 투자자 본인의 몫'이라는 것이다. 이 종목들이 좋은 주식인지 확인하는 절차는 반드시 거쳐야 한다. 세상에 공짜는 없다.

> **66**
>
> **소심한 중년의 투자 명언**
>
> 현명한 투자는
> 길게 보고, 꾸준히,
> 그리고 자신만의 철학으로 이룬다.
>
> **99**

10

5억 원 자산이면
노후 생활비가 얼마일까?

저축과 투자의 차이점은 무엇일까? 첫째, 수익률. 투자자는 은행 이자의 2배 이상일 때 투자로 받아들인다. 둘째, 만기 유무. 저축은 만기가 있고, 투자는 만기가 없다. 셋째, 원금 손실 가능성. 저축은 원금이 보장되고, 투자는 원금이 보장되지 않는다.

노후 준비가 제대로 되어 있지 않아 노후 파산을 걱정하는 은퇴자가 많다는 뉴스는 쉽게 접한다. 대한민국은 초고령 사회로의 진입 속도가 어느 나라보다 빠르다. 게다가 결혼하는 커플과 새로 태어나는 인구는 갈수록 줄고 있다. 이 속도 또한 어느 나라보다 가파르다. '설상가상'이란 말은 이럴 때 적합할 것이다.

노후자산이 많을수록 좋겠지만 현실적으로 얼마가 필요할까? 최소 5억 원 이상 필요하다는 것이 중론이다. 그렇다면 저축으로 5억 만들기는 가능할까? 지금부터 매달 1,554,947원을 4% 이자로 저축하면, 20년 후 5억 원을 모을 수 있다. 만약 이자율이 3%로 줄어들면 매월 1,660,215원을 저축해야 한다.

월 100만 원 이상의 금액을 20년 동안 저축하는 것은 거의 불가능하다. NH투자증권 100세시대연구소 2022년 자료에 따르면, 4인 가구의 중산층 월 소득은 624만 원이며, 이 중 314만 원을 소비한다. 300만 원 정도 남은 돈 중 노후 대비를 위해 매월 150만 원 이상 저축하기에는 기타 소비항목이 너무 많다.

게다가 은행 이자만으로는 인플레이션을 넘지 못한다. 투자가 필요한 이유라고 여러 차례 강조했다. 수익성과 안정성을 모두 고려할 때, 직장인에게 가장 적합한 방법으로 주식투자를 추천한다. 주식은 적은 돈으로 투자할 수 있고, 목돈이 있으면 더 효과적으로 투자성과를 만들 수 있기 때문이다.

	1일 5일 1개월 6개월 YTD **1년** 5년 최대		
▮ TIGER 미국나스닥1...	₩110,200.00	+₩33,405.00	↑43.50%
▮ TIGER 미국테크TOP...	₩17,725.00	+₩6,735.00	↑61.28% ✕
▮ TIGER 미국필라델피...	₩17,570.00	+₩6,765.00	↑62.61% ✕
▮ ACE 글로벌반도체T...	₩22,665.00	+₩10,330.00	↑83.75% ✕

　내가 투자하는 TIGER 미국나스닥100, TIGER 미국테크TOP10, TIGER 미국필라델피아반도체나스닥, ACE 글로벌반도체TOP4 ETF의 1년 수익률이다. 4종목의 평균 수익률은 62%이다. 국내상장 미국 ETF인 네 가지 종목들을 일반계좌가 아닌 연금계좌에서 투자하고 있다. 주식 수익금과 배당금은 기본적으로 15.4% 소득세를 내야 한다.

　연금계좌에서 투자하면 연금 수령 시 5.5% 연금소득세를 낼 수 있기에 그만큼 수익률이 높아진다. 미래 수익률은 누구도 보장할 수 없기에 보수적으로 연 12% 수익률로 예측해보자. 매월 50만 원씩

20년 투자하면, 5억 원의 노후자산이 만들 수 있다.

<표 1> 국내 상장 미국 ETF 투자 시 연수익률 12% 가정

투자기간	월 투자금액	노후자산
20년 (240개월)	50만 원	
15년 (180개월)	99만 원	5억 원
10년 (120개월)	215만 원	

시간의 힘, 즉 복리의 힘을 느껴보자. 투자 기간을 20년에서 15년으로 5년 단축하려면 투자금액이 50만 원에서 99만 원으로 2배 늘어난다. 투자 기간을 10년으로 당기려면, 4배 이상 투자금액을 늘려야 한다. 주식투자 격언 중 '하루라도 빨리 시작해서 하루라도 늦게 팔아라!'라는 말이 와닿는 이유다.

두 번째, 거치식 투자

투자 기간을 앞당기는 방법은 없을까? 물론 있다. 크고 작은 목돈이 생길 때 적립식 투자와 더불어 거치식 투자를 병행하는 것이다. 상여금 또는 적금 만기로 1,000만 원이 생겼다면, 거치식 투자를 해보자. 12% 수익률일 때 20년 투자하면 약 1억 원 자산을 추가로 만들 수 있다.

<표 2> 연수익률 12%, 투자 기간에 따른 거치식 투자 결과

투자금액	투자기간	노후자산
1,000만 원	20년	96,462,931원
	15년	54,735,658원
	10년	31,058,482원

노후 생활비는 얼마가 될까?

'4% 법칙'은 주식투자 원금을 잃지 않으면서 수익금을 사용하는 적정선을 알려준다. 노후자금 5억 원에 4% 법칙을 적용하면, 1년에 2,000만 원(매월 166만 원)을 생활비로 사용할 수 있다. 좀 더 생활비로 사용하고자 한다면 5%나 6% 늘릴 수 있다. 여기에 국민연금과 퇴직연금을 합하면 250~300만 원 정도 가능하다.

<표 3> 노후자금에 따른 노후생활비 비교

노후자금	4% 법칙 적용	기타연금
3억 원	1,200만 → 100만원	국민연금
4억 원	1,600만 → 133만원	퇴직연금
5억 원	2,000만 → 166만원	노령연금

결과적으로 5억 원이란 노후자산은 충분하지 않다. 최소 생활비를 마련한 정도다. 이 기준을 바탕으로 우리에게 적합한 투자계획을

세워야 한다. 필요한 목표금액을 설정하고, 이를 마련하기 위해 어떻게 투자할 것인지 정하는 것이 중요하다. 이보다 더 중요한 것은 그 계획을 당장 실행하는 것이다.

> "
>
> **소심한 중년의 투자 명언**
>
> 빠르게 시작하고,
> 꾸준히 투자하며,
> 늦게 수확하는 것이
> 노후의 안정을 보장한다.
>
> "

11

바쁠수록 노후를 위해
반드시 준비해야 하는 4가지

　세계에서 유례없는 대한민국의 현실, 초고령화 그리고 초저출산 사회로 가장 빠르게 진입하고 있다. 특히 시간이 흐를수록 노후 준비의 중요성을 강변하는 기사가 쏟아진다. 노후를 실제 맞이하는 노인이 급증하기 때문이다.

　노후를 준비해야 한다는 사회적 인식이 부족해 대부분 은퇴를 앞두고 고민에 빠진다. 하지만 노인들은 하나같이 강조한다. 더 젊은 세대부터 준비를 시작해야 한다고.

　준비하지 못한 채 맞이하는 노후는 지옥과 같다. 게다가 과학기

술과 의료기술 덕분에, 죽고 싶어도 죽지 못하고 오래 살아야 할 수 있다. 돈과 건강에서 벗어나지 못하면 남은 인생은 고통스럽기만 할 뿐이다. 그렇다면 우린 하루빨리 무엇을 준비하면 좋을까?

첫 번째, 연금

우리는 아직 노후 세대를 제대로 경험하지 못했다. 우리 부모 세대도 처음 겪는 노후 생활이다. 우리보다 고령화를 먼저 겪은 선진국 사례를 통해 간접적으로 배울 뿐이다. 노후에 꼭 필요한 것이 무엇일까? 가장 많은 대답은 '돈과 건강'이다.

특히 돈은 목돈이 아니라 연금 형태를 선호한다. 목돈은 리스크가 크기 때문이다. 월급처럼 매월 통장에 입금되는 연금이 최고라 말하는 사람이 늘고 있다. 나는 본 칼럼과 유튜브 〈마인드TV〉에서 연금계좌를 통한 미국 ETF 매수 방법을 계속 강조하고 있다. 가장 효율적인 주식투자 방법이며, 동시에 노후 연금을 만드는 방법이기 때문이다. 연금 준비의 필요성은 아무리 강조해도 지나치지 않다.

두 번째, 취미

젊어서는 열심히 일하느라 취미를 즐길 시간이 없다고 말한다. 당장 돈 벌 시간도 없는데 무슨 취미생활이냐고 반문하기도 한다. 하지만 나이 들어 은퇴 이후, 취미를 갖는 것은 거의 불가능하다고 말한다. 힘도 없고, 친구도 없고, 돈도 없고, 재미도 없기 때문이다. 시간은 많은데 할 일이 없는 '무위고'는 무척 고통스럽다.

취미는 지금부터 미리 준비해야 한다. 나를 즐겁고 행복하게 만드는 다양한 활동을 경험하는 것이기 때문이다. 열심히 일한 작은 보상의 일부인 것이다. 취미 중 하나는 운동과 연결하면 더 좋다. 수영, 산책, 탁구, 배드민턴 등 돈이 별로 안 드는 운동을 추천한다. 돈이 많이 들어가는 취미는 노후에 치명적이다.

세 번째, 운동

취미에서 자연스럽게 운동으로 관심을 돌려보자. 100세 시대가 지옥이 아니라 천국이 되려면 무엇보다 필요한 것이 무엇일까? 앞에서 언급한 '돈과 건강'이다. "휠체어 탄 백만장자 되지 마라!", "가

슴이 떨릴 때 여행을 가야지. 다리가 떨릴 때 가면 안 된다."라고 외치는 노인들의 말에 귀 기울이자.

앞서 취미 중 하나로 운동을 선택하는 것이 좋다고 강조했다. 운동 중 취미를 갖게 되면, 두 번째 취미와 세 번째 운동을 한 번에 해결할 수 있기 때문에 효율적이다. 돈이 덜 든다는 뜻이다. 게다가 친구 사귀기도 수월하다. 취미를 같이 즐기는 사람 중에서 친구를 만들면 된다.

네 번째, 가족

앞서 친구의 중요성을 살짝 언급했다. 취미 활동을 할 때 혼자서만 하면 무슨 재미가 있을까? 여행도 마찬가지다. 혼자 여행하는 재미도 있지만, 함께할 사람이 있으면 더 즐겁고 재미있는 여행 그리고 취미생활이 된다.

가장 먼저 친구로 만들어야 하는 사람은 바로 '가족'이다. 취미와 운동을 가족과 함께하면, 즐거움과 기쁨이 두 배가 된다. 나도 건강해지고 가족도 건강해진다. 노후에 건강하면 의료비 부담이 줄어든다. 가족과 즐거운 관계를 만들면 별도의 친구가 필요하지 않다.

은퇴 이후 갑자기 가족과 취미를 즐기기는 어렵다. 반드시 은퇴 전 가족과의 관계를 신경 쓰는 것이 중요하다. 그래서 은퇴 전문가들은 은퇴 전 준비할 것으로 가족과 보내는 시간을 늘리기, 함께 식사하기, 그리고 집안일 돕기 등을 강조한다.

지금까지 바쁠수록 노후를 위해 준비해야 할 네 가지 연금, 취미, 운동, 가족을 언급했다. 돈은 많은데 건강하지 못하다면? 온종일 시간은 많은데 나를 즐겁게 할 취미가 없다면? 돈도 많고 건강하지만, 함께 즐기고 나눌 사람이 주변에 없다면? 모든 것이 오래가지 못할 것이다. 결국, 연금, 취미, 운동, 가족은 하나로 연결된다. 풍요로운 노후를 위해 이 4가지를 꼭 준비해 보자.

> **소심한 중년의 투자 명언**
>
> 바쁠수록 준비하라,
> 오늘의 작은 준비가 내일의 풍요로운 노후를 만든다.

돈의 속성을 알면

투자의 성공이 보인다

투자에 관심을 기울이면 가장 먼저 공부하는 내용이 무엇일까? 바로 '돈 공부'다. 투자에 앞서 왜 돈 공부를 강조하는 것일까? 사실 나조차 의구심을 품었던 기간이 오래다. "투자방법을 알고 그대로 투자하면 되는데 왜 돈을 공부하지?" 그래서 사람들에게 돈 공부의 중요성을 말해도 잘 받아들이지 못하는 상황을 쉽게 공감한다. 나도 그랬기 때문이다.

"돈은 인격체다."

200만 부 이상 팔린 베스트셀러 《돈의 속성》은 돈 공부하기에 좋은 책이다. 이 책의 핵심 메시지를 하나 고른다면 바로 "돈은 인격체다."라는 문구다. 돈 공부의 시작은 김승호 회장의 이 명언에서 출발한다. 돈의 속성을 가장 잘 압축한 표현이라고 생각하기 때문이다.

돈을 인격체로 받아들이면, 돈을 대하는 태도는 어떻게 바뀔까? 인간관계를 대하는 것과 같아진다. 좋은 관계를 맺고 유지하기 위해 우린 어떠한 노력을 하는가? 그들과 나와의 관계를 지속하기 위해, 서로 어떤 노력을 기울일까? 돈은 그런 관점으로 바라보는 것이 중요하다. 소중한 사람이 내 곁에 오래 머물 듯, 내 돈도 내 곁에 오랫동안 자리 잡을 것이다.

돈이 인격체라면, 건강한 돈과 그렇지 못한 돈은 어떤 차이가 있을까? 유유상종! 건강한 돈은 건강한 돈끼리 어울리고, 그렇지 못한 돈은 그렇지 못한 돈끼리 친한 법이다. 내 땀과 노력으로 번 돈은 그만큼 건강하고, 쉽게 벌고 남을 이용한 돈은 그만큼 건강하지 못하다.

건강한 돈은 주변의 건강한 돈을 부르고, 그렇지 못한 돈은 나를 스쳐 지나갈 뿐이다. 많이 벌었다고 자랑하지만, 텅 빈 통장을 가진 사람이 된다.

"투자의 제1원칙은 돈을 잃지 않는 것이다."

투자의 전설 워런 버핏은 "투자의 제1원칙은 돈을 잃지 않는 것이고, 제2원칙은 제1원칙을 지키는 것이다."라고 강조한다. 돈을 잃지 않는다는 것은 어떤 의미일까? 첫째, 욕심을 부리지 않는 것을 뜻한다. 김승호 회장은 "빨리 부자가 되는 방법은 빨리 부자가 되려고 하지 않는 것"이라고 조언한다.

둘째, 좋은 투자는 시간에 투자하는 것임을 의미한다. 욕심은 성급함에서 출발하며, 단기간에 더 많은 수익을 원하는 마음이다. 자기계발서에서 1만 시간의 법칙이 중요하듯, 투자에서도 인내심 즉, 장기투자의 개념이 가장 중요하다. 워런 버핏은 "주식시장은 인내심 없는 사람의 돈이 인내심 있는 사람에게 흘러가는 곳"이라고 말한 바 있다.

"시간의 힘이, 복리의 힘이 너희를 부유케 할 것이다."

투자를 제대로 이해한다면 투자의 기본은 '복리'라는 사실을 잘 알게 된다. 워런 버핏이 부를 쌓은 과정을 다룬 책은 2,000권이 넘는다. 버핏이 그렇게 큰 재산을 모은 것은 그가 그냥 훌륭한 투자자여서가 아니라, 11살부터 훌륭한 투자자였기 때문이다. 대부분 투자의 기술에 주목할 때, 모건 하우절은 시간에 주목했다.

그의 베스트셀러인 《돈의 심리학》에서는 시간에 투자하는 것이 얼마나 중요한지 알려주는 사례가 나온다. 르네상스 테크놀로지 대표인 짐 사이먼스는 1988년 이후 연간 66% 수익률로 돈을 불려왔다. 사이먼스의 순자산은 책이 쓰인 시기에 210억 달러였다. 버핏의 순자산은 845억 달러였다. 버핏 수익률보다 2배 이상 높은 이익을 거두었지만, 실제 자산은 더 오랫동안 투자한 버핏이 더 많다는 사실을 기억하자.

"성공적인 투자 방법은 오로지 자기만의 원칙으로 만든다."

210만 구독자를 자랑하는 〈김작가TV〉 그리고 125만 구독자를 보유한 〈부읽남TV〉에서 똑같은 말을 했다. 두 사람 모두, 수많은 투자 전문가를 만나 조언을 듣고 다양한 투자를 했다고 한다. 투자 결과는 어땠을까?

전문가의 조언대로 투자한 것은 대부분 수익이 저조하거나 오히려 마이너스 상태이지만, 투자의 원리를 공부하고 깨달은 후 자기만의 투자기준과 원칙을 바탕으로 투자한 종목은 대부분 좋은 수익률을 보였다고 한다. 투자에서 돈 버는 방식은 제각각이다. 제아무리 좋은 종목이라도 사고파는 기준이 달라서 누구는 돈을 벌지만, 다른 이는 돈을 잃는 것이다.

"좋은 투자란 어떤 투자일까?"

첫째, 건강한 돈으로 투자하는 것이다. 대표적으로 건강한 돈은 월급이다. 대표적으로 건강하지 않은 돈은 대출금 그리고 조만간 사용하게 될 돈이다.

둘째, 사고파는 타이밍이 아니라 '시간'에 투자하는 것이다. 사고파는 능력은 용돈이나 생활비 마련에 도움이 된다. 좋은 자산을 보유하고 관리하는 능력은 인생을 바꾸고 가문을 일으킬 수 있다.

셋째, 자기만의 원칙과 철학으로 투자하는 것이다. 돈 버는 방법은 내가 만드는 것이다. 내 상황에 맞게 투자하는 방법을 고민하고 스스로 만드는 과정이 필요하다. 투자하는 목적이 다르기 때문이며, 그 목적에 맞게 투자방법을 정하는 것이기 때문이다.

나를 알면 투자가 보인다. 돈의 속성을 알면 투자의 성공이 보인다.

참
고
문
헌

《AI × 인간지능의 시대》. 김상균, 베가북스.

《ETF 투자의 신》. 강흥보, 한스미디어.

《Money 머니》. 토니 로빈스, 알에이치코리아.

《가르칠 수 있는 용기》. 파커 J. 파머, 한문화.

《가장 완벽한 투자》. 니콜라 베루베, 토트.

《강신주의 장자수업 1》. 강신주, EBS BOOKS.

《거인의 포트폴리오》. 강환국, 페이지2북스.

《나는 노후에 가난하지 않기로 결심했다》. 서대리, 세이지.

《나는 주식투자로 250만불을 벌었다》. 니콜라스 다비스, 국일증권경제연구소.

《나의 첫 ETF 포트폴리오》. 송민섭(수페TV), 토네이도.

《내 은퇴통장 사용설명서》. 이천, 세이지.

《당신의 주식투자는 틀렸다》. 성세영, 길벗.

《더 늦기 전에 당신이 자본주의를 제대로 알면 좋겠습니다》. 이희대, 더퀘스트.

《더 해빙(The Having)》. 이서윤, 홍주연, 수오서재.

《돈》. 보도 섀퍼, 에포케.

《돈 버는 사람은 단순하게 생각합니다》. 한주주(한아름), 헤리티지북스.

《돈, 뜨겁게 사랑하고 차갑게 다루어라》. 앙드레 코스톨라니, 미래의창.

《돈의 규칙》. 신민철(처리형), 베가북스.

《돈의 본능》. 토니 로빈스, 피터 멀룩, 알에이치코리아.

《돈의 속성》. 김승호, 스노우폭스북스.

《돈의 심리학》. 모건 하우절, 인플루엔셜

《랜덤워크 투자수업》. 버턴 말킬, 골든어페어.

《레버리지》. 롭 무어, 다산북스.

《머니 프레임, 돈을 바라보는 새로운 관점》. 신성진, 천그루숲.

《머니패턴》. 이요셉, 김채송화, 비즈니스북스.

《모든 것은 기본에서 시작한다》. 손웅정, 수오서재.

《모든 주식을 소유하라》. 존 보글, 비즈니스맵.

《뮤추얼 펀드 상식》. 존 보글, 연암사.

《미움받을 용기》. 기시미 이치로, 고가 후미타케, 인플루엔셜.

《백만불짜리 습관》. 브라이언 트레이시, 용오름.

《부의 본능》. 우석, 토트.

《부의 시작》. 박민수, 길벗.

《부의 지식 사전》. 은퇴연구소, 체이지업.

《부자가 되려면 부자에게 점심을 사라》. 혼다 켄, 더난출판사.

《부자를 읽는 눈을 떠라》. 이재범, 북아이콘.

《부자아빠 가난한아빠 2》. 로버트 기요사키, 민음인.

《부자의 인간관계》. 사이토 히토리, 다산 3.0.

《사장학개론》. 김승호, 스노우폭스북스.

《생각에 관한 생각》. 대니얼 카너먼, 김영사.

《서른 살 백만장자》. 크리스티 선, 브라이스 렁, 알에이치코리아.

《세상의 이치를 터놓고 말하다》. 사이토 히토리, 갈라북스.

《세이노의 가르침》. 세이노(SayNo), 데이원.

《시장을 이기는 부의 심리학》. 대니얼 크로스비, 반니.

《아들아, 돈 공부해야 한다》. 정선용(정스토리), 알에이치코리아.

《오타니 쇼헤이의 쇼타임》. 고다마 미쓰오, 차선책.

《워런 버핏 라이브》. 대니얼 피컷, 코리 렌, 에프엔미디어.

《워런 버핏 바이블》. 워런 버핏, 리처드 코너스, 에프엔미디어.

《월급쟁이 부자로 은퇴하라》. 너나위, 알에이치코리아.

《위대한 기업에 투자하라》. 필립 피셔, 굿모닝북스.

《이웃집 백만장자》. 토머스 J. 스탠리, 리드리드출판.

《전설로 떠나는 월가의 영웅》. 피터 린치, 존 로스차일드, 국일증권경제연구소.

《주식시장은 어떻게 반복되는가》. 켄 피셔, 라라 호프만스, 에프엔미디어.

《주식의 쓸모》. 앤드류 할램, 시목.

《지중해 부자》. 박종기, 알에이치코리아.

《투자의 네 기둥》. 윌리엄 번스타인, 굿모닝북스.

《티켓》. 이영석, 차선책.

《현명한 투자자》. 벤저민 그레이엄, 국일증권경제연구소.